な～江《ごう》？ お前は
ずっといっしょに
居るもんな～？
㊁
平手久秀の戦国日記
弐
著 スコッティ

風林火山
見ろ、風《ふう》林《りん》火《か》山《ざん》の旗印！
武田信玄だ！

とにかく撃って撃って撃ちまくれッ!!

――北条氏康。相模《さがみ》の獅子《しし》。

平手久秀の戦国日記
Hirate Hisahide's Sengoku diary
弐
スコッティ
illustration/ shri

口絵・本文イラスト　ｓｈｒｉ

目次

平手久秀の戦国日記
Hirate Hisahide's 弐 Sengoku diary

関連地図

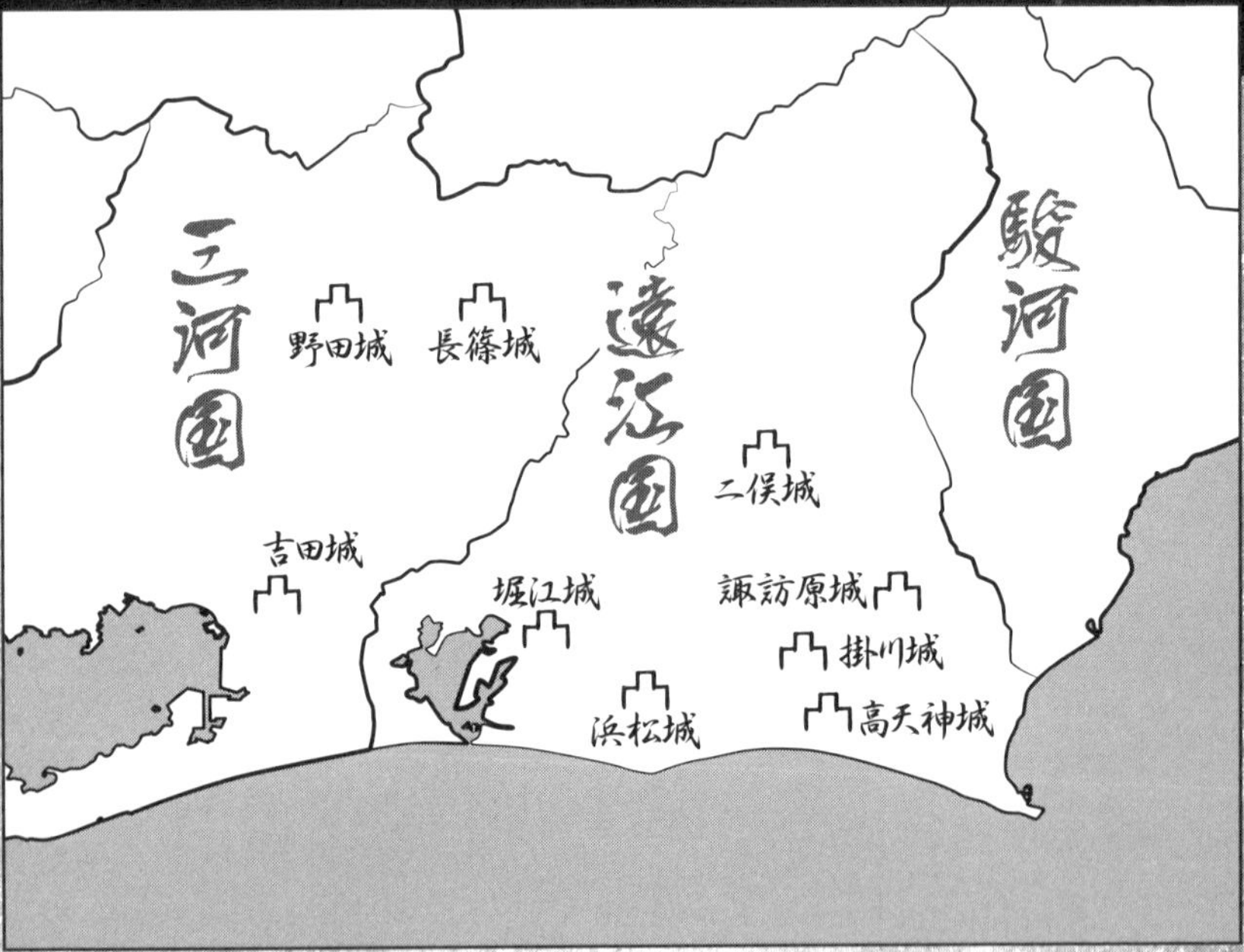

遠江国《とおとうみのくに》
現在の静岡県西部。かつては今川氏の領土だったが、今川義元が死んだ今では武田氏と徳川（旧松平）氏がこの国でにらみ合っている。

三河国《みかわのくに》
現在の愛知県東部。以前は今川氏に属していた松平氏が今川義元の戦死後に独立、姓を徳川に替えて織田氏と同盟を結び、三河を支配する。

駿河国《するがのくに》
かつての領主・今川氏が弱体化したため武田氏が侵攻、それに抵抗する勢力もあるが国の大半が武田氏の支配下となっている。

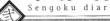

第一章　《甲斐《かい》の虎《とら》、武田《たけだ》信玄《しんげん》の上洛《じょうらく》》

1

元亀《げんき》元年（一五七〇年）

武田信玄ついに動く

三万の軍勢を持って上洛戦を開始した武田信玄は、徳川《とくがわ》方の遠江国《とおとうみ》・二俣城《ふたまたじょう》を攻め落《お》とし、浜松《はままつ》以東を勢力下に組み入れる

これに対して浜松城の徳川家康《いえやす》は、同盟国である尾張《おわり》国の織田信長《おだのぶなが》に応援《おうえん》を要請《ようせい》

「遂《つい》に本腰《ほんごし》を入れよったか、武田信玄」

使者を丁重《ていちょう》にもてなした後、信長は顔をしかめつつ口を開く。

徳川からの使者は息も絶え絶えで、見てるこちらがかわいそうになってくるほどの顔色であった。

ただでさえ精強といわれる武田騎馬隊《きばたい》の機動力や屈強《くっきょう》さを、なお甘《あま》く見積もっていたのか、信じられないような破竹の勢いで徳川を攻め立てているそうだ。

コレが噂《うわさ》に聞く三方ヶ原《みかたがはら》の戦いなのかなぁと場違《ばち》がいにも思っていた俺《おれ》だが、隣《となり》にいた半兵衛《はんべえ》が顔を青くしていることに気づく。

「早い…あまりにも早すぎる…！　いくら足利家《あしかが》の親書が届いたとはいえ、ここまで早く軍を動かせることなどありえない！」

普通《ふつう》戦争を始めるには軍備が必要で、それは兵力であったり、兵站《へいたん》であったり、周辺諸国との折衝《せっしょう》であったり。

つまり信玄のもとに親書が届いて、宣戦布告、年も明けないうちから戦争を始めたのである。

「私は後二年、三年は動けないと読んでいたのです！　周辺諸国は武田が思っているほど一枚岩ではない。北に上杉《うえすぎ》、東に北条《ほうじょう》と潜在的《せんざいてき》な敵が存在しています。戦争を起こすためにはある程度それらの存在と外交によって地盤《じばん》を固める必要があるはずなんです。それに旧今川《いまがわ》領の平定にしてもこれほど短時間で民心を落ち着かせることができるものなのか…」

武田は先年に今川を相手に戦《いくさ》を仕掛《しか》けており、駿河《するが》へと派兵している。

武田の勢いはすさまじく、あと一歩まで今川を追《お》い詰《つ》めたが、窮鼠《きゅうそ》となった今川は藁《わら》をもつかむ思いで徳川へ援軍要請《えんぐんようせい》の使者を送ったのである。

条件としてはほぼ無条件降伏《こうふく》のようなもので、今川氏真《うじざね》は一度は手痛い裏切りを受けたとはいえ、家康殿《どの》とは非常に仲がよかったこともあり、さらには著《いちじる》しく勢力を広げる織田家が同盟として背後にいるため、人情的、戦力的にも今川を無下《むげ》にはしないだろうという考えの元での行動であった。

要請を受けた家康殿は派兵を決断。

結果として掛川城《かけがわじょう》に一万近くの兵が立てこもり、いくら武田でも攻城戦《こうじょうせん》においては、その真価である騎馬隊をうまく駆使《くし》することはできず、また呼応するように旧今川領の反乱が相次ぎさすがの信玄も掛川城を一気呵成《いっきかせい》に落とすことができなかったのである。

そこに武田に戦略上海を渡《わた》したくない北条は、この戦の仲立ちを名乗り出る傍《かたわ》ら、自らも兵を挙げ、参戦する構えを見せ始めたのだ。

武田にとって北条は同盟相手だが、駿河の地は桶狭間《おけはざま》で今川義元《よしもと》が討《う》たれた時点で、今川領を切り取り放題としており、そこに明確な線引きはされていなかったことが災《わざわ》いすることになったのである。

今川義元の懐刀《ふところがたな》、稀代《きたい》の軍師である太原雪斎《たいげんせっさい》が締結《ていけつ》させた甲相駿《こうそうすん》三国同盟。

太原雪斎は病魔《びょうま》で没《ぼっ》しており、そんな中で今川義元が桶狭間で戦死。

残った跡継《あとつ》ぎである氏真は政治面はともかく、軍事的才能は父親の足下《あしもと》にも及《およ》ばない。

対等の三国による同盟なのだから、一角が崩《くず》れればそのほかの二国も崩れかねないのだ。

そのため信玄は北に上杉と東に北条、南に徳川・織田と強国に挟《はさ》まれているため、安易に隣接《りんせつ》する国と先端《せんたん》を開くわけにも行かず、北条に対し強気に出ることができなかったのである。


こうして様々な思惑《おもわく》が交錯《こうさく》する中、迎《むか》える農繁期《のうはんき》。

伸《の》びきった戦線、補給線の維持《いじ》、旧今川領の民心、北の上杉の存在。

武田は撤兵《てっぺい》の決断をしなければならなかった。

海に面しており海路に強い北条は真っ先に駿河の海を押《お》さえているため、今川を下し、徳川の地で海路を得ようとした信玄の企《たくら》みは頓挫《とんざ》することになったのだ。


だが、今回の間を空けない再びの侵行。

上杉に対しては大雪によってお互《たが》い不干渉を保てるこの十二月という年は侵行には相応《ふさわ》しい。

だがいきなり戦争を仕掛けるといっても軍備が整うはずがなく、整ううちには雪解けを迎え上杉との折衝も頭に入れなければならない。

そこが半農半士制の武田軍の致命的《ちめいてき》な部分であり、兵の質や優秀《ゆうしゅう》な将を多く抱《かか》える武田家だが、この素早《すばや》い進軍により、農繁期による遠征《えんせい》が不可能になる前に、隣国である徳川を越《こ》えて、通常なら不可能であるはずの尾張、美濃《みの》にまでこの時期なら十分に侵略範囲《しんりゃくはんい》となってしまったのである。

半兵衛にとっては痛恨《つうこん》の出来事であったに違《ちが》いない。

「まあ、状況《じょうきょう》が悪いのはわかったが…。どうする信長？　家康殿に増援《ぞうえん》を出《だ》すのは当然として、何かしらの対応策を用意しておかないとマズイことになりそうな雰囲気《ふんいき》じゃないか？」

「ふむ…」

俺の言葉に顎《あご》に手を当て考える信長。

内心はどうだかわからないが、外見は落ち着いて見える辺り、周りの家臣たちに少なからず安心感を与《あた》えている。

そういう姿を見ると、やっぱコイツはスゲエなぁと素直《すなお》に感心してしまうところだ。

「皆《みな》の者、この決議はいますぐに出すわけにはいかん。当然援軍は出すが今は解散じゃ。方針が決まり次第《しだい》皆を呼ぶ。久次郎《ひさじろう》！　お前は俺と来い」

そう言って立ち上がり、評定を中断し、無理やりな形で信長の自室へと通された俺であった。


そこで語られた内容は簡単である。

織田家の三方面作戦の越前《えちぜん》、畿内《きない》の二方面を一年、最低でも二年で一気に片付けるから、浜松城に平手《ひらて》家臣団はその間援軍として逗留《とうりゅう》、徳川領地をできうる限り死守。

増援には滝川《たきがわ》家臣団をはじめ問題が片付き次第《しだい》送るから、何としてでも徳川領で武田侵《しん》攻《こう》を食い止めろとのこと。

その間、織田家のことには一切関《いっさいかか》わる必要はなく定時連絡《れんらく》だけはよこすように。

一日でも早く対武田戦線を整えるから、徳川の援軍として活躍《かつやく》してこいとのこと。

俗《ぞく》に言う決死隊であった。

武田信玄相手に決死隊とか本当の意味の決死のような気がするのは考えすぎだと思いたい。

2

元亀元年（一五七〇年）
援軍として佐久間信盛《さくまのぶもり》、滝川一益《かずます》、平手久秀《ひさひで》が浜松城へ到着《とうちゃく》
救援《きゅうえん》物資として大量の鉄砲《てっぽう》と火薬、兵站を提供

「よくぞ駆《か》けつけてくれました！」

俺達《おれたち》が浜松城に着いた時真っ先に迎えに来てくれたのは、徳川家康殿とその重臣である本多《ほんだ》忠勝達《ただかつたち》であった。

よほど緊迫《きんぱく》していたんだろうなぁ。

多少目が逝《い》き気味の様子である。

サラリーマンのようにいろいろなモノと二十四時間闘っていたのだろう。

まあ、どちらが辛《つら》いかというのははかりかねるところではあるが。

俺が馬から降りると一目散に手を握《にぎ》り感謝の意を表してくれた。

なんかそんなちょっと情けないところが幼少の竹千代《たけちよ》くんを思い出させて、少し口角を上げてしまった。

「援軍として滝川家臣団を初め、佐久間信盛家臣団、平手家臣団総勢六千で援軍に駆けつけさせて頂きました」

「六千もですか⁉」

安心させるように家康殿に向かってニコリと笑いかけると、驚《おどろ》きを隠《かく》せないように目を剝《む》いていた。

まあ援軍にそんな数が来るとは思ってもみなかったんだろうね。

「そして微力《びりょく》ながらこの私、平手久秀率いる平手家臣団は武田の脅威《きょうい》がこの徳川から去るまで、浜松城、しいては家康殿の御身《おんみ》を守護する覚悟《かくご》です。この『武《ぶ》の一文字《いちもんじ》』が徳川への武田の戈《ほこ》を止めてみせましょう！」

そう言って、パフォーマンスのように馬鹿《ばか》でかい武一文字を振《ふ》り回《まわ》し、最後《さいご》は石突《いしづ》きを地面に叩《たた》きつけ、俺の様子を窺《うかが》っている兵士達に向けて鼓舞《こぶ》をする。

一応は『武の一文字』と言われている身なので、言葉だけではなく武力でもアピールしてみようと思ったのだが、勢いをつけすぎてしまい、石突きを叩き付《つ》けた床《ゆか》が粉々になってしまっている。

家康殿には後で謝《あやま》らないといけないかもしれない。

少々派手な演出だったためか、最初はみなポカーンとしていたが、かの『武の一文字』が六千もの大群で援軍に来た上に、武田の脅威がなくなるまで逗留してくれるという。

あの甲斐の虎率いる武田騎馬隊に対して徳川軍への心象操作というか士気を上げるつもりで俺も凄《すご》いですよ？　そんな俺がこれからずっと一緒《いっしょ》に戦いますよ、とアピールしたつもりがまだ箔《はく》が足らなかったのかもしれない…、と内心ドキドキしていた俺であったが、次の瞬間《しゅんかん》、

――――オオオオオオオオオォォォォォッォォォォ!!!!!


地響《じひび》きすら起こすような歓喜《かんき》の叫《さけ》び。

ここに居るすべての人が只々声をはりあげている。

中には涙《なみだ》を浮《う》かべている兵士すらいる。

不安だったに違いない。

そしてその不安は何も徳川家だけじゃない、織田家にしてもそうだし両軍の一般《いっぱん》兵士ですらそうだろう。

出来るなら逃《に》げ出したいのが本音だ。

だがそこで足を踏《ふ》ん張《ば》って、立ちとどまり、脅威が迫《せま》る中に見た一条《ひとすじ》の光。

兵たちが浮き立《た》たないわけがなかったのである。


「いや、お騒《さわ》がせして申し訳ありませぬ」

「いえいえ、お気になさらず。それほど頼《たよ》りにされていると知って奮い立つモノもありましたしね」

「…さすがは『武の一文字』を冠《かん》する久秀殿《どの》でありますな。以前お目にかかった際と比べ、一回りも、いやそれ以上に存在感を増しておられる様子。我《わ》が兵もこれ以上ないほどに奮い立ち、支えとさせていただくことでしょう」

「少し驚きましたが、自分が来たことで徳川方を鼓舞できたのなら幸いです。まだ馴染《なじ》まない二つ名ですが名に恥《は》じぬようにしたいものですね」

「ふふ、ご謙遜《けんそん》を…数々の武功、近隣諸侯《きんりんしょこう》に轟《とどろ》くほどでありましょうに」

はっはっは、と愛想笑《あいそわら》いで誤魔化《ごまか》しながら言葉を紡《つむ》いでいく。

まだ武の一文字を名乗ってそう時間は経《た》っていないが、桶狭間から始まった武将としての戦功によって俺自身がそこそこ有名になっていたらしく、『武の一文字』を名乗り始めたことによって相乗効果みたいなモノが生まれたらしい。

身に覚えがないような逸話《いつわ》も幾《いく》つか風の噂で聞いており、半兵衛や秀長《ひでなが》の進言でそれを否定してこなかったことも大きいようだ。

風評をうまく使え、というのが二人の言である。

実際俺は合戦経験は多いが、大半は旗大将として旗を振っていただけの時期であって、実働期間はそう多くはない。

結果だけ見れば秀吉《ひでよし》、半兵衛の方がよほど武功を稼《かせ》いでいるといえる。

散々ＨＰを削《けず》ったボスに最後の一撃《いちげき》だけを与えて、俺の力で倒《たお》したんだぜ、と言い回っているようで心苦しくはあるんだが、それが後々の平手家の付加価値として生きると言われれば納得《なっとく》するしかない。

俺は本当に部下に恵《めぐ》まれてると痛感させられるばかりだ。

さて、先ほどの騒動《そうどう》が終わり、正式に援軍であることを表明し、手続きを終わらせようとしたのだが、義に厚いと言われる三河《みかわ》武士がもの凄い勢いで俺に詰めかけてきたので、かなりの時間を割《さ》かれることになった。

まるでアイドルの握手会《あくしゅかい》のように流れ作業でありがとうございます、光栄です、頑張《がんば》りますと呪文《じゅもん》のように握手を繰《く》り返《かえ》してる内に、この勢いなら総選挙で一位を狙《ねら》えるんじゃないか、とか意識が涅槃《ねはん》に旅立ってしまっていたくらいである。気がつけばもう既《すで》に夕刻を過ぎており、ようやく解放された俺は今、落ち着いた個室で家康殿と二人で飲んでいる最中だ。

やはり武田の脅威というのは、家康殿にとって大変なストレスになっていたみたいで、外では気がつかなかったが、こうやって落ち着いて個室で向かい合っていると、以前見た時より少し顔色が悪く、やつれても見える。

家康殿の空いた杯《さかずき》に銚子《ちょうし》で酒をつぎ足し、その返杯《へんぱい》として注がれた酒を一気に飲み干すと、家康殿は「おみごと」と口角を上げ俺の様子を見た後、

「それより、まことなのですか？　平手殿が武田侵攻の脅威がなくなるまで、この浜松城、ワシの側で戦ってくださるというのは？　織田殿とて包囲網《ほういもう》があり手が足らない今、援軍を送る余裕《よゆう》なんて…」

「もちろんですよ」

こちらを窺うように問う家康殿に対して、俺は裏表のないような笑顔《えがお》を意識して向ける。

その笑顔にひどく安心したのか、崩れるように肩《かた》を落とす家康殿。

武田の脅威がその両肩《りょうかた》にかかっていたのだ、ムリもないことだろう。

「信長が言うには一年。最低でも二年で全《すべ》てを片付け全軍で応援に向かうとのことです。まあ、アイツのことだから案外本当にやりかねませんがね」

「はは、確かに」

「アイツは戦場を尾張にするよりは、徳川領でやってもらっていたほうが都合がいい。もし尾張領内に武田の侵入《しんにゅう》を許せば援軍を全軍引き上げさせるとか言ってましたがね。アイツらしい叱咤《しった》激励《げきれい》ですが、物の言い方を考えたほうがいいと何回も注意しているんですが馬耳《ばじ》東風《とうふう》といった様です」

見事なまでにテンプレートなツンデレを地で行くヤツである。

本気で兵を引く気があれば虎の子の種子島を大量に持参させるわけがない。


この時代の種子島の値段は一丁一〇〇両弱。

百十五万程度であり、それを数百丁持たせるあたり、信長の本音が見《み》え隠れしている。

ただこの値段は信長が安く大量生産体制を取っているだけで、他《ほか》の国では三〇〇両を切るか切らないか程度だ。

まあ、そのコストダウンのやり方も褒《ほ》められたものではないのだが。

堺《さかい》、大津《おおつ》、草津《くさつ》という国内貿易の重要拠点《きよてん》を義昭《よしあき》様に要求し、その町を守るからみかじめ料をよこせと町を脅迫《きようはく》。

ぶんどった二万貫《かん》（六億円）をそのまま鉄砲生産につぎ込むというまさに悪魔《あくま》、第六天魔王のごとき所行である。

あの時の信長は実に楽しそうだったな。

ジャ×アンみたいなヤツだ。


そして弾薬《だんやく》もただではない。

種子島を多く所有すれば、それだけ弾薬を消費するわけで、それがいったい幾らになるのか、というのは俺のような元小市民には考えたくもない出費である。

本土決戦が嫌《いや》なのは確かだろうが、そこには言葉に出さない思いがあるのは確かだろう。

「本当に……信長殿らしい……」

その言葉と行動の意味するところを察したのだろう、家康殿は俯《うつむ》き体を震《ふる》わせ、顔を上げることができずにいた。

上に立つ者の孤独《こどく》というのは計り知れないものがあるというのは古来から言われている。

それを克服《こくふく》し、見事抑《おさ》えこみ大義をなしたものこそが歴史に名を刻み世界を動かしてきたのだろう。

だからといって二十四時間気を張れというのは無理な話だ。

せめて、この時間だけでも張り詰めた糸を緩《ゆる》ませる時間を作ってあげていると信じていたいものだね。

3

元亀元年（一五七〇年）
武田信玄進軍、浜松城を素通《すどお》りして浜名湖《はまなこ》に突《つ》き出《で》た堀江城《ほりえじょう》を目指し、通りすぎていく
「お待ちください！　明らかな陽動です！」
半兵衛が憤《いきどお》る家康に対して、この行動は浜松城から家康を引っ張りだす陽動であると進言する。
だが頭に血が上っている家康は、このまま素通りされれば武士の恥《はじ》として強引《ごういん》に追い打ちをかけようとしているのである。
「このまま信玄を我が領地にて好き勝手させること我慢《がまん》なりませぬ!!!」

「それが負《ま》け戦だとしてもですか⁉」

「そうにござる!!!」

そう言い残して、兵を集め追撃《ついげき》の準備を始めている。

見事に頭に血が上ってる様子だ。

これだけ冷静さを失えば、勝てる戦とて勝てないだろうに、地力の差が明らかなこの一戦。

脱糞《だっぷん》待ったなしの状況といったところである。

しかし徳川家康といえば、冷静で気が長く腹黒い狸《たぬき》（言い過ぎかもしれないが）という印象が前世ではあったんだがな。

若い頃《ころ》は今みたいに感情の起伏《きふく》が激しい猪武者《いのししむしゃ》だったのかもしれない。

もともと三河武士はそういう気質だから、不思議はないのだが。

やはり性格を変えるほど脱糞のショックは激しかったのだろうか。

来《きた》るべき時のためこの戦でいっそ漏《も》らしておいた方が……いや待てよ？

「ちょっと半兵衛。地図を見せてくれないか？」

「は？」

俺の突然《とつぜん》の言葉に戸惑《とまど》いを隠せない半兵衛であるが、素直に地図を持ってきてくれたことに礼を言い、地図を開く。

　すると、

「あった……三方ヶ原。この戦があの三方ヶ原の戦いなのか!!」

　堀江城と浜松城を結ぶ地図の間に、三方ヶ原という場所が存在する。

　確か三方ヶ原の戦いは攻城戦でも籠城戦《ろうじょうせん》でもなかったはずだ。

　先に武田が堀江城に着いて攻城戦に大敗？

　それなら脱糞するほどの恐怖《きょうふ》はなかったはずだ。

　そして名前の由来の『三方ヶ原』の戦い。

「半兵衛、お前なら家康殿をどう迎え撃《う》つ？」

　俺のその言葉に暫《しば》し考え、

「私ならこの三方ヶ原にある坂の手前にて魚鱗《ぎょりん》の陣《じん》を布《し》いて待ち構え、慌《あわ》てて追いかけてきた三河勢を騎馬隊にて粉砕《ふんさい》いたします。おそらく徳川殿は三方ヶ原の先の祝田《ほうだ》の坂から攻め下れば勝機が有りと見ているのでしょうが、それを見抜《みぬ》けぬ武田ではございませぬ」

「家康殿はまず間違《まちが》い無《な》く負けると見るべきか？」

「はい。兵力差、音に聞く騎馬隊。これで勝てるようなら兵法《ひょうほう》は必要ありませぬ」

「……わかった。武田の騎馬隊で初お披露目《ひろめ》か。相手にとって不足はないんだが、な」

俺のその言葉にはっと顔を上げる半兵衛。

「まさか、いきなり実践《じっせん》投入するおつもりですか⁉　無茶《むちゃ》です、鉄砲の数も兵数も足りませんぞ⁈」

「うまくいくとしてもいかなくても、こっちとしては家康殿が浜松城に戻《もど》る時間が稼げればいいんだ。家康殿が目を覚まし次第、即撤退《そくてったい》。申し訳ないが平手の脳筋達には最後尾《さいこうび》に残り殿軍《でんぐん》で残り時間を稼いでもらう。もちろん俺も残るぞ」

「馬鹿な‼　大将自ら殿《しんがり》を引き受けるなど聞いたことがない‼」

俺は半兵衛の反論を聞くことなく、馬にまたがり、先へ行った徳川軍を追う形で駆け始める。

「いいか！　逃走《とうそう》経路は浜松城一直線上になる！　お前ならどこに布陣《ふじん》すればいいかわかるはずだ！　そこで武田の土手っ腹に食《く》らわせてさっさと離脱《りだつ》！　欲を出すなよ⁉　少しだけ時間を稼ぐ一助になればいいんだ！　後は俺達《おれたち》殿軍に全て任せればいい‼　羽柴《はしば》秀長、蒲生《がもう》氏郷《うじさと》、宮部継潤《みやべけいじゅん》、お前達は半兵衛指揮下の伏兵《ふくへい》部隊で『アレ』を試験的に使う。武田相手だが…まあ、ちょうどいいだろ」

「アレ…ですか？」

氏郷の言葉にニヤリと笑《え》みを浮かべる。

どうやら秀長もピンときてないらしい。

「例の『回し撃ち』だよ！　さんざん練習しただろうが！　本来は籠城戦向きだが未知の戦法に武田も足が鈍《にぶ》り指揮系統が乱れるはず。そこを俺達が一当てして隙《すき》を見て撤退する！」

そう言った後、既に可児才蔵《かにさいぞう》、前田利家《まえだとしいえ》は俺の隣に控《ひか》えており、死傷率の高い殿軍を務めるとは思えない程の闘志《とうし》を漲《みなぎ》らせていた。

「悪いな、平手家での本格的な初戦が殿になるとは。もっと良い活躍の場を用意してやりたかったんだが」

「何を言われるか。この才蔵、戦場を選ばず、いつとて常在戦場の心得でございます」

「ま、乗りかかった船だ。槍《やり》の又左《またざ》ここにありと武田に示してやるさ！」

才蔵、利家のその言葉を受け、俺はうなずき一つ深呼吸をした。

高鳴っている鼓動《こどう》を抑えるまでにはいかないが、それでも多少の冷静さが戻ってきた。

手に握る愛槍《あいそう》『武一文字』の感触《かんしょく》を確かめ、それを高々と空に掲《かか》げる。

槍にくくられた、なびく武の文字を全軍が見つけられるように。

「全軍出撃《しゅつげき》！『武の一文字』に続けぇぇぇぇ！」

俺の掲げる武は信長の武の切っ先であり、その戈を止める為《ため》に振るべきモノだ。

だが今は家康殿を守る為に旗を振らせてもらう！

4

「くっ！　もう始まってるのか！」

「武田軍は魚鱗、徳川軍は鶴翼《かくよく》……！　完全に騎馬隊の勢いに飲み込まれて鶴翼は体を成しておりませぬ！」

魚鱗という陣形《じんけい》は△の後方に大将を置き正面からの攻撃《こうげき》にめっぽう強い半面、両側面や後方から攻撃を受けると混乱が生じやすく弱いという欠点を持つ。

徳川の鶴翼はVの後方に大将を配置して、大将が攻撃を受けやすい半面、敵が両翼《りょうよく》の間に入ってくると同時にそれを閉じることで包囲・殲滅《せんめつ》するのが目的という陣だ。

でもこれは陣を構える側が多数であることが求められる上、大将に攻撃が集中するためこの兵力差では流石《さすが》にマズイと言わざるをえない。

「どうする、久秀⁉　完全に武田の勢いだ！　このままじゃ家康公の首が取られるのも時間の問題だぞ⁉」

「…………っ！」

どうする！

半兵衛がいないなか、作戦指揮をとるのは俺だ。

一応全ての陣と対応法は頭に叩き込んでいるが、いざ実践となるとどうしても経験不足から迷いが出てしまう。

ほとんど秀吉、秀長、半兵衛任せだったしな。

武田の陣は魚鱗…正面からの攻撃にはめっぽう強いが、半面それ以外からの攻撃には脆《もろ》い面を持っている。

俺の今の兵数は二千五百。

滝川殿《どの》は千五百。

佐久間殿は千五百。

半兵衛に任せた五百の兵を合わせれば総勢六千は確保できている。

本当にいけるのか？

悩《なや》みは尽《つ》きないが、こうして手をこまねいている内に、状況は悪化していく一方だ。

「滝川殿、俺はこれから背後に回りこみ偃月《えんげつ》の陣で武田後方を強襲《きょうしゅう》します！　滝川殿は家康殿が退却《たいきやく》する隙を作る為に側面を強襲してください。その後は撹乱《こうらん》！　頃合《ころあ》いを見て家康殿と退却を！　佐久間殿は家康殿と合流して、退《の》き佐久間の異名をご存分に発揮なさっていただけますか⁉」

「武田後方を…馬鹿な！　いくら後方からの攻撃に弱いとはいえ相手は信玄！　無茶ですぞ⁉」

「その無茶を通さなきゃ、この戦局は厳しいんです！　お願いしますよ！　あ、そうだ！　佐久間殿、実は…」

滝川殿はまだ何かを言っているが、聞いている暇《ひま》はない。

退却路《たいきやくろ》に半兵衛率いる伏兵を潜《ひそ》ませていることを素早く伝えて、半兵衛と俺の考えた戦略図を手短に伝えると、

「利家、才蔵！　待たせたな！　『武の一文字』が武田相手にどれだけ通用するか…行くぞッ‼」

「「応ッ‼」」

5

「おおおおおおおおおおぉォォォォ！！！！」

俺は馬から飛び降りる反動そのままに武一文字を地面に叩きつけ、ドォンという爆発音《ばくはつおん》のような音と共に砂埃《すなぼこり》を巻き上げる。

俺の場合馬に乗っているより、地面に二本足で立っているほうが動きやすい。

まずは砂埃をあげ、目眩《めくら》ましによって相手の視界を奪《うば》う。

どうせここに居る兵士たちに味方なんていやしない。

ほとんどが武田兵。

なら遠慮《えんりょ》することなく思い切り武一文字を振り回すことが出来るってもんだ！

「おおおぉぉおっ!!」

第二撃は横薙《よこな》ぎ。

直撃《ちょくげき》したのは四～五人だが、武一文字の風圧となぎ倒した兵に巻き込まれるように、連中は地面に転倒している。

直接ダメージがない兵も重い甲冑《かっちゅう》のせいか、すぐには立ち上がることができないようだ。

コレでちょっとは時間を稼げ、家康殿も逃げやすくなるだろう。

とにかくここで暴れるだけ暴れて、あわよくば俺が信玄に一撃《いちげき》食らわせれば……！

「久秀！　見ろ風林火山の旗印！　武田信玄だ！」

利家の声に目を向けてみると、目視できる位置に風林火山の旗が靡《なび》いている。

良い位置に強襲出来ていたみたいだ。

「よし、うまくいったようだ！　それに風林火山の旗が近くに見える！　とにかく旗に向かって突っ切《き》るぞ！　手傷でもなんでも負わせられれば、確実に動きは鈍る！　その勢いで俺達も退散だ！　ここがこの合戦の分け目！　俺の旗が見えるか⁉　見失わないように付いてこい‼」

俺は一目散にその旗印に向かって走りだし、武田信玄らしき人物を探しだそうとするが、

「駄目《だめ》だ、見つからねえ。――――うぉっ！」

先ほどまでいた位置にとんでもない速さの槍が貫《つらぬ》き通る。

そうそう死ぬことのない体の俺だが、今のはちょっと穴が開きそうな勢いの突きだ。

放たれた方を見るとまだ若いが一般兵を絵に描いたような人物が放った一撃らしい。

持っている武器や防具も量産品に間違いはなさそうだ。

「………もしかして一般兵なのか？　名のある武将が特徴《とくちょう》のない顔をしていた可能性を信じたいんだが……はぁっ‼」

武一文字を横薙ぎで思い切り振り切ると、兵士は一度は槍の腹で受けたが、そこから生まれる反発力はどうしようもなかったらしく、弾《はじ》き飛《と》ばされる。

流石《さすが》に衝撃《しようげき》は逃がせないのか、脳震盪《のうしんとう》を起こしたようで立ち上がろうにも足がふらついているようだ。

だが目は爛々《らんらん》と輝《かがや》き今にも襲《おそ》いかかってきそうな気迫《きはく》である。

「……将来有名な武将になりそうだなアイツ。思いがけず時間を食ったけど、風林火山の旗は未《いま》だに健在。この辺に信玄がいるはずなんだが」

ふ〜、と硬《かた》くなった気分を和《なご》ますように深呼吸をする間、ひゅっという風切り音が耳元で感じるやいなや、自分の直感を信じて武一文字を薙ぎ払《はら》うように、風を巻き上げるごとく振り回す。

案の定弓の一斉射撃《いっせいしやげき》を受けていたらしく、容赦無《ようしやな》い数の矢が降り注いでいた。

俺には効果は少ないが周りの兵は別だ。

見てみると俺の周りには俺の見知った顔しか存在していない。

敵兵はいつの間にか射程外へと逃《のが》れている。

つまりこの矢の斎射は計算によって、戦術で放たれたということだ。

一連の流れに統率《とうそつ》と練度の高さを感じさせる。

「流石に風林火山の旗直下の兵ってとこか…。さっきの兵卒並みだらけで固められていたら嫌すぎるな……」

というか悪夢である。

そこまで強い兵ばかりとか考えたくもない。

「さて、どうする」

こういう場合、その場に留《とど》まるのは最悪の選択《せんたく》だ。

まず兵に地力の差がありすぎる。

あれだけ戦術的に動けている練度の兵に、家《うち》の尾張っ子では分が悪すぎる。

しかもあちらが大群、こちらが少数なら、まとまって動くよりはゲリラ戦を仕掛けたほうが勝算があるだろう。

「才蔵、利家！　信玄を狙うには時間を使いすぎた！　このままじゃジリ貧だ、一旦《いったん》林や藪《やぶ》の中に連れてきた兵とともに身を隠せ！　林や藪じゃ馬の機動力は生かせない！　俺はもう少し敵を引き付ける！　その間に撤退しろ！」

「だが……！」

「上官命令だ！　従ってくれ！」

この状況で問答している余裕なんてあるわけがない。

俺の隊が散り散りになっていくのを背後で確認《かくにん》しながら、威嚇《いかく》と共ににらみ合いを続ける。

目の前にはさっきの兵に似たどこにでもいそうな、だが妙《みょう》に雰囲気を持つ兵が数十人。

さっき倒した奴《やつ》は親衛隊の中でも最弱の存在よ、とか言わないだろうな？

本気で泣けるから勘弁《かんべん》してほしい。

しかし、警戒《けいかい》されている分、時間を稼いだとは思うが、どうする？

そろそろ俺《おれ》も離脱するべきか？


「――――戦場での迷いは死を意味するぞ、小僧《こぞう》よ」


「な……!?」

目の前の赤い甲冑を着た小柄《こがら》な男は巧《たく》みに槍を捌《さば》き、肩、肘《ひじ》、膝《ひざ》を距離《きょり》を測るように打って、俺の体が流れた所に、本命の心臓への一突《ひとつ》きが刺《さ》さる。

「ぐう……ッ！」

流石《さすが》の俺でも衝撃《しょうげき》だけは逃《のが》せない。

強烈《きょうれつ》な痛みと共に俺の体が地面へと投げ出される。

砂埃をあげながら滑《すべ》り、あちこちに痛みが走る。

前世も含《ふく》めて初めての経験だぞ、こんなに勢いよく地面に転がるなんて。

「くそ……」

あまりダメージを感じないふうに立ち上がる俺に対して、目の前の赤い甲冑の男は多少驚きを見せた。

それはそうだろう、普通《ふつう》なら即死《そくし》だったからな、ヘルメットがなくてもね。

「随分頑丈《ずいぶんがんじょう》な体を持っておるようだな。よもやあの一撃を受けてなお立ち上がる者がいようとはなぁ」

「……頑丈さだけが取《と》り柄《え》なんでね」

立ち上がりながら、口に入った砂を吐《は》き捨《す》てる。

くそ、才蔵や利家、家康殿《どの》の近況《きんきょう》が気になる。

武田がこんなに強い兵を持ってるなんて予想外もいいところだ。

反則、卑怯《ひきょう》を地でいくチートの俺ですら殺されかけたってのに……!

決して望んでこんな体になったわけじゃないが。

「はぁあ!!」

赤い男が俺に向かって突きを放つ。

流石にいきなりの攻撃じゃなければ、対処の方法はある。

「はっ!!」

突かれた切っ先を払うように落とそうと叩こうとすれば、

「未熟」

その切っ先を絡《から》めとるように捻《ひね》りを入れ、俺の武一文字をかち上げる。

「しまっ……！」

本命は突きに対応してきた切っ先を絡め弾き、相手から武器を奪う一種の武器破壊攻撃《はかいこうげき》か！

流石に超重量《ちようじゆうりよう》武器の武一文字を弾き飛ばすほどの膂力《りよりよく》はなかったようで、片手で何とか武一文字は手放さないでいられている。

「弓兵、一斉《いつせい》発射！」

「くそっ！」

体勢が崩《くず》れたところで狙いすましたように体を射抜《いぬ》こうとする矢の数々。

いつの間にか俺の周りには一定の間隔《かんかく》を空け兵が配置されていたようだ。

これだけの矢を一斉に浴びせられると流石に怯《ひる》まざるを得ない。

刺さりどころが悪ければ少し不味《まず》いことにもなるからだ。

その襲いかかる矢を無理やり武一文字を振り回すことでどうにか弾く。

「足軽隊、突けぃ！」

今度はいつの間にか距離を詰《つ》めていた足軽部隊が俺に向かって槍の一撃を放ってくる。

弓の斎射《せいしゃ》は俺への目眩ましってわけか！

あの一般兵のような一般兵じゃない兵士であの威力《いりょく》だ。

もしかしたらもっと膂力のある兵だっている可能性がある。

しかも一斉攻撃《いっせいこうげき》。

鉄砲じゃ傷つかないのに、槍《やり》の一撃で傷がつくかもしれないって言うのはゲームの世界だけだと思っていたんだがな。

まあこの世界も似たようなモノなのかもしれないが。

流石《さすが》に槍の一斉攻撃を食らうわけにはいかずに、襲いかかる槍を避《さ》けながら一旦後方にバク宙で飛び、槍の穂先《ほさき》から身体をずらす。

どうやら心臓や手足を狙った攻撃だったらしく、槍は空を切った。

顔を狙われていたら不味かったかもしれない。

ヒヤリと冷たい汗《あせ》が背筋を流れた。

「さて、どうする…この状況《じょうきょう》を」

目の前には赤揃《ぞろ》えの槍兵、弓兵、騎馬《きば》兵…そして最も前線に立ち、こちらを見下すような目で見ているこの赤揃えの部隊の隊長らしき男。

小柄だが、凄《すさ》まじい実力で俺を叩きのめしてくれた男は赤い甲冑に金であしらった獅子《しし》の牙《きば》のような二本の意匠《いしょう》が施《ほどこ》されている兜《かぶと》を身に纏《まと》い泰然自若《たいぜんじじゃく》とこちらを睨《にら》み佇《たたず》んでいる。

互《たが》いに声をかけることもなく睨みあう。

視線も外しはしない。

外してしまえば勢いに飲まれてしまうような、そんな錯覚《さっかく》を覚えたためだ。

だが、このままここで睨み合いを続けている場合ではなく、一刻も早くこの場を離《はな》れる必要がある。

頭ではわかっているんだが、見下すように俺に視線を向ける赤い男に背を向けて逃げ出《だ》す、という行為《こうい》に拒否《きょひ》感が生まれてしまっている。

初めて地面に叩き付けられ砂を噛《か》まされた。

槍の扱《あつか》いでは子供のようにあしらわれ、事実こんな身体でなければ最初の一撃で命を失っていただろう。

兵を操《あやつ》らせても一流。

従う兵は一兵卒でも精強であり、練度は見たことないほど鍛《きた》えられ一つの生き物のように動き押《お》し寄《よ》せる。

リスクはある。

だが、本気を出してなりふり構わず『殺し』にいけば討《う》ち取れない相手ではないはずだ。

思い知らせてやりたい。

いい気になるなと。

俺が本気になれば、やろうと思えばお前を殺せるのだと。

手に握《にぎ》った武一文字を握りしめ、今まさに襲いかかろうとしたその時。

場の硬直《こうちょく》を解いたのは一人の伝令兵だった。

「山県《やまがた》様、徳川勢が浜松城へと全軍撤退の模様。すぐさま騎《き》馬《ば》隊《たい》にて追撃せよとのご命令です！」

「あい、わかった」

そう言って、一言労《ねぎら》った赤い男は、何の未練も残さずに俺から視線を外し背を向けた。

瞬間、カッとなる。

「……!?　俺を無視するのか!!」

視線だけこちらに戻し、赤い男は俺に向かって口を開いた。

「恵まれた膂力に溺《おぼ》れ、自らを特別と位置づけ、上を見ない者などこの程度だ。軍の扱いも満足にできず、感情を抑制《よくせい》することもできず、こうして無様に一人敵地に這《は》いつくばっている…貴様にはお似合いだろう」

「な…!!」

「徳川を追う！　もはやこの地に『戦うべき兵などいない』!!　全軍浜松城へと追撃だ!!」

まるで俺の姿など眼中にないかのように踵《きびす》を返し、全軍浜松城方向へと突き進《すす》んでいく。

俺はその姿をただ見ていることしかできずにいた。

残されたのは無様に取り残された俺と、

「……大丈夫《だいじょうぶ》でござったか？」

「逃げることもまた戦略だ…悪かったな、助けに入ろうとはしたんだが、まるで隙がなかった」

才蔵と利家だった。

当然の判断だろう、俺には二千五百の兵が任されていたし、頭に血が上った俺に兵の指揮は無理だと才蔵や利家が林やヤブに隠《かく》れ潜みながら指揮をとってくれていたんだろう。

「あの男は山県昌景《まさかげ》で間違いなかろう。あの赤揃え、そして武勇。凄まじい使い手であると同時に用兵家でござったな」

「山県昌景…」

「…それよりどうするよ？　お前が山県隊を引きつけてくれたおかげでこっちは千三百は動かせるぜ？　死傷者は百を超《こ》えない。あの武田に突撃《とつげき》をしてこの成果なら上々ってもんだ」

確かに数だけ見ればそうかもしれない。

ただあの男の言った、

『恵まれた膂力に溺れ、自らを特別と位置づけ、上を見ない者などこの程度だ。軍の扱いも満足にできず、感情を抑制することもできず、こうして無様に一人敵地に這いつくばっている…貴様にはお似合いだろう』

その言葉がやけに胸に突き刺さる。

何も言い返せなかった。

何故《なぜ》ならそのとおりだったからだ。

――本気を出せばどうにでもなるだろう。

それが俺のこの世界でのアイデンティティーなのだから。

俺が考え事をしている中で、

「久秀、お前の気持ちもわかるが、今はそんな事を考えている場合じゃない。徳川殿の窮《きゅう》地《ち》だというのはお前にだってわかるだろ？　たった千三百でも、もし籠城《ろうじょう》に成功していたらその数は何倍もの脅威《きょうい》になる！　浜松城に向かうぞ！　戦前に半兵衛となんか悪巧《わるだく》みしてたんだろ？　きっと上手《うま》くいってるさ」

「半兵衛……！　そうか、籠城に回ればまだあの策は……！」

今回は仕方なく野戦での適用となったが、本来の『回し撃ち』の用途《ようと》は籠城戦での堅守《けんしゅ》防衛のための策だったはず。

「才蔵、利家！　浜松城へ急ぐぞ！　もし家康殿が籠城していればまだこの戦に勝機はある！」

そう言って馬に乗り浜松城へと向かう。

今は気持ちを切り替《か》えよう。

ムカツクあん畜生《ちくしょう》にはまた今度抹殺《まっさつ》のラストブリットをぶち込んでやれば良い。

頼《たの》むから上手くいっていてくれよ！

6

「お、おおおお!!　よくぞご無事で…！　貴方《あなた》に何かあれば私は信長様になんとお詫《わ》びを……！」

「お、大袈裟《おおげさ》ですよ」

家康殿がもの凄《すご》い勢いでエドモ×ド本田ばりの鯖折《さばお》りを決めているので、ちょっと困る。

でもそれだけ感傷的になるほどの激戦であったことには違《ちが》いなく、周りを見れば傷ついた兵が多く…

「アレ？」

思ったよりは被害《ひがい》は軽微《けいび》なのか？

滅茶苦茶《めちゃくちゃ》にやられて、恐怖のあまりに脱糞したとか言うくらいだから、相当ひどい被害を被《こうむ》ったと思っていたんだが。

「久秀殿《どの》」

そんなことを思っている俺に声をかけてくるのは、竹中《たけなか》半兵衛。

いやもう出陣《しゅつじん》中どれだけコイツに意見を聞きたかったことか…。

いなくなって初めて分かる秀吉と半兵衛の凄さ。

これで秀長もいなくなったら俺は死ぬな。

「半兵衛、見たところ被害がそう大きなものではないように見えるが、何かあったのか？　俺は山県昌景にやられちまって状況がよくわかってないんだ。まだ攻城戦《こうじょうせん》なら挟撃《きょうげき》でもしてやろうと思っていたんだが……」

俺が急いで戻った時には、もう武田の兵の姿はなく、平穏《へいおん》とはいえないが戦《いくさ》の最中ではない浜松城が残っているのみだった。

「いや、それが貴方の考案した回し撃ちが思った以上の効果をもたらしたと云《い》いますか……」

若干《じゃっかん》言いよどんでいる半兵衛。

そんな話し合いの中で家康殿は、

「此度《こたび》の敗戦、全て私の短慮《たんりょ》からのモノ。何が三河武士！　その驕《おご》り高《たか》ぶり、更《さら》には何ほどもできず、あまつさえ同盟国の将を失うところであった！　恥を知れ家康！」

そう言って超《ちょう》エキサイティングしながら軍配を地面に叩《たた》きつける家康殿。

俺が無事に帰ってきたことで、張り詰めたものが切れたのか、憤怒《ふんど》の表情である。

顔を真っ赤にして軍配を踏《ふ》みつけ続けるも怒りが収まらない様子だ。

……あの軍配はもう使えないだろうなぁ。

なんとなく俺と半兵衛が同じことを考えているのが分かり、顔を見合わせて苦笑《くしょう》する。

「まぁ、家康殿。過ぎてしまったことよりこれからを考えなければ。そのお怒りはもっともですが怒りに任せた行動で大義をなした人はいない…だったっけ？　半兵衛？」

「はい。一時での勝利を大義とするなら、多くの事例がありますが、すぐさま巻き返され以前より不利に、更には全滅《ぜんめつ》、滅亡《めつぼう》までした歴史すら存在いたします。どうか家康殿、短慮による行動の愚《おろ》かさを学び、最後に勝つ戦いというものを」

「……最後に勝つ……」

コレが狸親父《たぬきおやじ》と呼ばれる徳川家康の始まりの姿であった。

と言いたくなるほど、なんか半兵衛の言葉を胸に刻んでいる様子。

家康殿の心にずいぶんと深く刺さったようだ。

まあ、史実でも結局天下餅《もち》を食うのはこの人だしね。

耐《た》え忍《しの》ぶということの大切さというのを今まさに、改めて痛感したんだろう。

それに今回ばかりは俺も人のことは言えない。

こんな体を持っているせいか、本気を出せば俺は何でもできる…なんて考えていた辺り相当重傷だったらしい。

捨てることもできず、使うには持てあます。

過去に異端《いたん》視《し》された過去がある曰《いわ》く付《つ》きのこの体。

もし過去に捨てるという選択ができていても、なんだかんだ言い訳しながら捨てなかったんだろうな、と思う。

理由はよくわからないがきっと俺は手放さなかっただろう。

力を忌避《きひ》しながらも、必要なら使いたい。

非常に我儘《わがまま》で贅沢《ぜいたく》な話である。

今回の戦は本当に考えさせられるモノだったな。


「それより、久秀殿」

考えこむ家康殿を横目に、半兵衛が耳に口を寄せボソボソと語る。

なんかこそばゆい。

「『回し撃ち』に対して詳《くわ》しくお聞かせ願いますか？　此度の戦、アレこそが勝敗の要でございました」


『火縄銃《たねがしま》の使い方講座』

普通、種子島を撃つためのアクションは大きく分けて四つに分類される。

1、種子島の「砲台《ほうだい》」に火薬を入れ、弾丸《だんがん》を詰めた後、棒によって火薬と弾丸を詰める。

2、次に火皿《ひざら》に着火用の火薬を入れ、誤作動しないように火蓋《ひぶた》を被《かぶ》せる。

3、火のついた縄《なわ》を引き金に連動した仕組みに組み込む。

4、後は火蓋を開けて火皿に載っている火薬に火縄で火をつければ、ズドンと発射されるという仕組みである。

とまあ大まかではあるがコレが火縄銃のおおまかな仕組みである。

その為、少なく見積もっても一、二分はかかり、さらには敵が近づいてくる焦《あせ》りなどで動作不良も多く、この時代にあってこの威力でも玩具《おもちゃ》と揶揄《やゆ》される要因となっているのである。

「しかし貴方の考案した『回し撃ち』。コレは全く別の視点から来ている。違いますか？」

「ふーむ」

夕餉《ゆうげ》も終わり、夜半兵衛に呼び出された俺は少し困り顔だ。

俺の考案した『回し撃ち』とは、かの織田信長の三段撃ちを参考にしたもの……じゃなくて、昔アルバイトしていたライン作業の経験から来た思いつきである。

要は、一人でやるから焦るし操作ミスが起こるのであって、単純作業の繰《く》り返《かえ》しなら、人は八時間ぶっ通しでも続けられるという経験則からのものだ。

ただ、続けられると言うだけであって、続けてもいい作業では決してなく、あまり長い時間単純作業をしすぎる日々を送ると、時間という概念《がいねん》が破壊《はかい》され、精神世界へと旅立ってしまう現象が度々《たびたび》見かけられる。

俺も短期だがライン作業をしていた際は、リアル精神と時の部屋状態で、最後の方はくたばれアインシュタイン状態であった。

ヤツの論じた相対性理論……簡単に言えば時間の流れる速度は人によって一定じゃなく、楽しい充実《じゅうじつ》した時間は早く、辛《つら》く苦しい時間は長く感じるという法則だ。

短く感じるのではなく、本当に短いのだとアインシュタインは証明したのだ。

じゃあこのクソつまらない単純作業はどれだけ長く――――などと余計な知識を得たこと

により、より苦痛度が増したという。

とまあ、精神に危険なライン作業ではあるが、俺の前世の時代ですら通用する製造手法、過程である。

特殊《とくしゅ》な機材が必要ではなく応用が利《き》くため、用途は幅広《はばひろ》く時代を選ばない。

タイムロスをなくすために大事なのは突《つ》き詰めた簡略化と適切な人材の配置である。

一人に火薬を持たせて、一人に弾丸と詰める作業をさせて、一人に火縄をつけさせ、一人に撃《う》たせる。

もう少し簡略化は可能だろうが、弾薬《だんやく》を造るにはまだ時間が早すぎるだろうからな。

今できる工夫《くふう》は、俺の頭ではここまでしか考えられなかったのだ。

あの苦々しい思い出からとって、名付けてライン作業撃ち。

まあそのままじゃ伝わる以前に英単語も交ざっているため意味不明なので『回し撃ち』。単純なようで複雑な思いによる命名である。

「で、どうだった？　効果の程は？　野戦でもアレだけの数で連射すれば意表は突けただろ？」

俺のその言葉を聞いた半兵衛はため息をつきながら報告を始める。

「まず使用された火縄銃は百丁で四人一組になり、練習で火縄銃の扱いが上手い者を射撃《しゃげき》主として配置しました」

「まぁ、当然の配置だな」

「効果は思った以上に絶大で、命中率も連射も今までとは全く違う数の弾丸数、周辺には大音響《だいおんきょう》も響《ひび》き渡《わた》り、馬も兵も混乱し、相手は私達《たち》が持つ百丁を五百丁とも千丁とも勘違《かんちが》いしたのか、浜松城への追撃《ついげき》は危険とみなしたのか堀江城方面へと進路を変更《へんこう》いたしました」

「予想以上の戦果だったんだな……」

だから被害が予想よりは少なかったのか。

戦いで一番死傷率の高い状況は追撃戦《ついげきせん》だからな。

速く逃《に》げるためにはどうしても後ろを向き、敵から目線を外さなければならない。

その時点で無防備だし、いくら防具を纏《まと》っても槍《やり》の一突きには耐えられない。

そんな中で規律正しく逃げるなんてできないし、それが故《ゆえ》に殿軍なんて存在がある。

この存在があるためにかろうじて兵を散らさずに士気を保って退却ができるわけだ。

まあ、ともかく徳川軍は比較的軽微《ひかくてきけいび》な損害で、徳川家康最大の敗北戦である三方ヶ原の戦いを終えることができたらしい。

そうか、なら後は家康殿はウンコを漏《も》らさずに済んだのか…それだけが心配だな。

「しかし久秀様、コレはあまり良くない結果になるやもしれない」

「え？　なんでだよ？　浜松城に籠《こ》もって籠城中に回し撃ちしておけば農繁期《のうはんき》までは持つんじゃないのか？」


武田は半農半士であるため、農繁期には国に帰らなければならない。

兵に里心が付くこともあるだろうし、和睦《わぼく》を結んだとはいえ上杉に北条がいる。

武田は盟約違反《いはん》常習者なのであまり周辺諸国からは信用はされていない。

どちらにしろこの冬から春にかけての武田戦が最大の山場だと思っているんだが。

「それは武田が浜松城に固執《こしつ》した場合です」

「……あっ！」

慌《あわ》てて俺は半兵衛が用意していたであろう地図を見て、

「……おいおい、浜松城が後方に位置してちゃ野田城《のだじょう》、長篠城《ながしのじょう》、吉田城《よしだじょう》が取り放題だぞ？」

「さらに言えば、それ以降は城はなく、岡崎城《おかざきじょう》……さらには尾張まで一直線です」

床《ゆか》に置かれた地図を思わず凝視《ぎょうし》してしまう。

城は東から道なりに長篠城、野田城、吉田城。

この三城を浜名湖付近にある堀江城を挟《はさ》んで、姫街道《ひめかいどう》を進めば浜松城だ。

南西にまだ武田の手に落ちていない高天神城《たかてんじんじょう》が存在するが、ここは高天神山に築かれた山城であり、守るに易《やす》く攻《せ》めるに難《かた》しと言われる堅城故《けんじょうゆえ》に一時置かれているのだろう。

浜松城から伸《の》びる街道《かいどう》は二つあり、一つは北の信濃《しなの》へ向かう信州《しんしゅう》街道。

もう一つは海沿いに東へ伸びる東海道《とうかいどう》だ。

だが、その二つの街道の要所である二俣城と掛川城はすでに武田の手に落ちている。

浜松城の目の前には二つの城が存在していることになり、対武田防衛戦の要として浜松城を重要視せざるを得なかったのである。

浜松城から一番近い城は堀江城だ。

だが浜松城に戦力を集中させすぎた為《ため》、今の堀江城は兵が少なく数日と持たないだろう。


要は浜松城に戦力を置きすぎたのだ。

誰《だれ》もが遠江の要所は浜松城だと思っていたためだ。

その裏をかいた信玄が浜松城を素通《すどお》りして家康殿を誘《おび》き出すと野戦で家康殿を下し、浜松城を手中にしようと企《たくら》んだのだろうが、思いの外抵抗《ていこう》が激しく主力の揃う浜松城から目標を堀江城へ変更したとしても不思議ではない。

堀江城に兵はおらず、間を置かず落城するだろう。

浜松城から堀江城へ攻勢《こうせい》を仕《し》掛《か》けても武田相手に攻城戦は兵数的にも厳しすぎる。

回し撃ちは籠城戦《ろうじょうせん》には強いが、攻城戦には不向きだ。

野戦に持ち込まれれば、種子島の数的に足の速い騎馬隊《きばたい》相手には分が悪い。

堀江城が落ちれば、三方面作戦で兵力分散している織田家はひとたまりもなく、致命的《ちめいてき》にはならないだろうが、全体の方針に狂《くる》いが出ることは間違《まちが》いないだろう。

「……だけど、補給線が伸びて戦えなくなる可能性はないか？　さすがに尾張まで侵攻《しんこう》すれば現地調達だってバカにならないし、農繁期だってある。兵站《へいたん》のみを狙《ねら》うんだったらこの戦力でも十分だろうし…」

その言葉に半兵衛は大きく頷《うなず》く。

「さすがの信玄もこの状況で尾張侵攻《しんこう》までは考えないでしょう。織田は三方面作戦をしているとはいえ財政も豊かですし物資も豊富にある。回し撃ちまで見せたのです。後方に徳川を置いて織田を相手取ることはできないでしょうね。だが今は信長包囲網《ほういもう》で信長殿の戦力は分散されていますから、一方面への支援《しえん》はあまり期待はできないかもしれません」

「……………頭が痛くなる状況だよなあ」

俺が頭をかき一つため息を吐《つ》くと、半兵衛は一つ咳払《せきばら》いをし、「話は変わりますが」と前置きをした後、

「先ほど申した回し撃ちのことなのですが、種子島は単発式だという固定概念があります。百を三百、五百に見せかけることが出来るなら、その城にいる兵数も相手にとっては脅威

と映るはずです。ならば籠城戦ならその数を数倍にも見せることができます。幸い武田は騎馬隊《きばたい》が主で種子島の知識には詳しくないはず。現に馬も怯《おび》えておりましたし」

まああれだけの大音響で鳴ればなあ。

馬じゃなくても怯《ひる》むんじゃないだろうか。

「武田が次に狙うのはおそらく野田城」

「浜松城じゃなくて？」

「警戒された上に猛将《もうしょう》が並み居る状態の浜松城は狙いませぬよ。さらに言えば、野田城侵《しん》略《りゃく》最中に浜松城を開ければ攻め入《い》られるのは道理。相手は武田三万の兵に猛将揃《もうしょうぞろ》い。さらに言えば浜松城付近には二つの武田の城がありますから援軍《えんぐん》による挟撃も効果的とは言えないかもしれません」

「三万……！　キツイなこりゃ……織田と家康殿の軍合わせても一万二千いくかどうかなのにな」

どうしようもない兵力の差だ。

正直オワタと言いたいところである。

せめて一年、欲を言えば二年持たせるって言ったからにはやらなきゃならんのだが。

「……半兵衛、どうにかならない？」

俺の上目遣《うわめづか》いのお願いに半兵衛はあきれたようにため息を吐く。

コホンと一つ咳払いを入れて半兵衛は口を開き始めた。

「絶望的ですが路《みち》がないわけではありませぬ…ゴニョゴニョ」

そうして俺と半兵衛は悪巧みを開始するのであった。


『今日の信長くん』


今日も書を読み、印を押す仕事が始まる。

「全く本願寺《ほんがんじ》の生臭坊主《なまぐさぼうず》は相変わらずのようだな」

秀吉から送られてくる文には如何《いか》に腐敗《ふはい》しきっているのかという本願寺の本当の姿というものが、ズラズラと書き連ねてあった。

宗教が権力を持つと碌《ろく》なことがないのはかつての怪僧《かいそう》・道鏡《どうきょう》の件でもわかっておることだろうに。

ただ、近況としてはけして悪くなく、雑賀衆《さいかしゅう》が気になるものの明智《あけち》光秀《みつひで》と上手く連携《れんけい》を取り、一年、最低でも二年で結果を出してみせるとのこと。

「サルめ、張り切っておるではないか…」

あいつは仏教だの何だのより自分自身を信じ我が道《みち》を行く者だからな。

結果を出すというのなら出すのだろう。

ちなみに浅井《あざい》家の家臣はとても優秀《ゆうしゅう》で扱いやすくて助かるとも添《そ》えてある。

「全く、気配りを忘れぬ男よなぁ」

そうして次の文を見ると、今度は越前からであった。

柴田《しばた》、明智、丹羽《にわ》と重臣で固めた越前は、浅井の協力なしではそこまで神経質になることはなかったかもしれない。

ただ近くに越後《えちご》の龍《りゅう》がいるため、安全策を取ったつもりだったが、逆に消極的だったか？

まあいい。


次は徳川へ寄越《よこ》した久次郎の手紙である。

定期的に送るように言ってあるが、律儀《りちぎ》に守るとは思わなかったな。

半兵衛の入れ知恵《ぢえ》でもあるのかもしれんな。

手紙は二通ある。

嫌《いや》な予感がしたので先に半兵衛の方を読むと、詳細《しょうさい》に三方ヶ原の戦いのことが書かれている。

あの家康、三河武士を持ってして一掃《いっそう》する武田三万か…少しばかり厄介《やっかい》だな。

さて、最後は久次郎の手紙か。

しばらく会ってはいないが、あいつがそうそう変わっていることもないだろうな。

懐《なつ》かしい思いとともに手紙を広げるとそこに書いてあるのはこんな文であった。

『いや～種子島が不足しちゃってさぁ。後千丁くらいくれないかな？　半兵衛が驚《おどろ》くような使い方も思いついたし、今度会ったら教えてやるよ。マジビビるぞ！

でさ、武田軍超強い！　初めて負けちゃったよ、マジヤバス。

あ～後は半兵衛が色々纏めてくれていると思うからそっちに任せるわ！

追伸《ついしん》

お市《いち》には今度帰ったときは揚《あ》げ出し豆腐《どうふ》が食べたいですって伝えといて、じゃ』

――――ゴシャアアアアアッツ!!!

真っ先に異変を感じた女中が見たその光景は、長谷部国重《はせべくにしげ》を力いっぱい手紙越《ご》しに机へと叩きつけている鬼《おに》の形相をした信長の姿があったという。

7

「いや～言ってみるもんだなあ。種子島千丁にいかなくとも七百丁はマジで来ちゃったよ」

「これでこの戦《いくさ》の勝敗、わからなくなりましたぞ」

あの三方ヶ原の戦いから十日ほどだろうか、頼んでいた種子島がようやく届いたことと、本当に用意できたことで、半兵衛と俺《おれ》が絵に描《か》いた餅、机上《きじょう》の空論を実行に移せるかもしれないのだ。

堀江城は落とされたが、落とすのにかかったこの時間が、奇《く》しくも俺達《おれたち》の命脈をつないでくれたのである。

「でも家康殿に回し撃ちを教えなくてよかったのか？　この作戦は家康殿のふんばりにかかっているというか、俺達の連携が最大の焦点《しょうてん》になると思うんだが」

この時代にあって回し撃ちはかなり有効な戦術となり得ると信長も太鼓判《たいこばん》を押していた

ことだし（手紙のやり取りで半兵衛が伝えていたらしい）、家康殿にも伝えれば戦力はもっと充実するような気もするんだが。

そう思って首をひねっていると半兵衛は苦笑しながら口を開く。

「久秀殿は頭の柔軟性《じゅうなんせい》はあれど、情報の重要性に疎《うと》いところがお有りですね。噂《うわさ》というのはどこから漏れるのかわからないもの、そして軍は途中《とちゅう》で行動を迂闊《うかつ》に変えることはできません。人に伝われば記憶《きおく》を消すことはできませんし、知る機会がなければ永遠に知ることはありません」

「なんかややこしいなぁ」

「それでいいんですよ。権謀術数《けんぼうじゅつすう》など私達軍師が受け持てばよろしい。貴方は織田家の旗印である天下布武《てんかふぶ》の『武の一文字』として堂々と諸侯《しょこう》と相対していればいいのです」

「……まぁよくわからんけど半兵衛がそう言うならそうなんだろうな」

「……ご信頼《しんらい》いただき何よりです。家康殿《どの》とていつまで同盟が続くかわからぬ以上、必要以上に情報を渡す必要はないのです」

俺は俺でやるべきことがある。

山県昌景にはいいようにやられたけど、もともと俺は地力の違う体を持っているんだ。卑怯《ひきょう》だと言われようとも使えるもんは使ってやるさ。

元亀《げんき》二年（一五七一年）
年が明けるとともに堀江城から武田軍野田城へ出撃《しゆつげき》
城を守る将は秋山信友《あきやまのぶとも》、穴山信君《あなやまのぶきみ》、今はまだ頭角を現していない真田昌幸《さなだまさゆき》
武田本軍が侵攻を開始したことから、以前より進めていた半兵衛と俺の渾身《こんしん》の策（ほぼ半兵衛の案）にうつる

「さて、伸《の》るか反《そ》るかだなぁ…こうやって待ってる時間が俺には一番苦手だわ」

「上手く徳川殿がこの場所まで陽動してくれれば……」

草薮《くさやぶ》に潜んでじっと戦況《せんきよう》を窺《うかが》う俺達織田軍。

浜松城への挙兵はないと確信した上での全軍出撃で、今浜松城は一兵足りとも存在しない誰もいないお留守番状態である。

やっぱり、こういう伏兵《ふくへい》みたいな策は俺には向いてないな…俺から言い出した案だけど。

微調整《びちようせい》は半兵衛がやってくれているんだから問題はないと思うが。

「…!?」

微《かす》かに馬の蹄《ひづめ》の音がする。

「来たか!!」

全員に合図をして、準備を行わせる。

上手くいってくれよ。

――『武田eyes』

「ふはは！　何を血迷ったのか徳川兵がこの堀江城に攻め寄せているだと？　アレだけの敗戦を経験しながら家康は何も学ばぬとは、とんだたわけよ！」

先日の勝利から、武田の士気は意気軒昂《けんこう》でうなぎのぼりである。

時はまさに世紀末状態のモヒカン野郎《やろう》状態であった。

三河武士の屈強《くつきょう》さは当然武田にも伝わっており、それをアレだけこてんぱんに叩きのめしてやったのだから、プギャー、プゲラッチョ、プゲラウッヒョーばりの三段変化が起きてもしょうがないところではある。

「しかし、あれだけの敗戦をしていながら今度は攻城戦を挑《いど》む…解せません」

そう呟《つぶや》くのは真田昌幸。

近い未来、秀吉に『表裏比興《ひょうり》の者』とまで言わせた軍略家であり、今はまだ頭角を現せずにいるが、武田の未来を担《にな》う若き人材である。

今は経験不足ゆえ発言権は高くなく、この戦においても重要な立場には置かれていなかった。

織田で言えば半兵衛が師事している平手氏郷（蒲生氏郷）といった存在であろうか。

父である真田幸隆《ゆきたか》が凄まじい高性能お爺《じい》ちゃんであるため、期待のホープとして将来を嘱望《しょくぼう》されているのである。

「まあ、ヤケになったのか策があるのか知らぬが、こうして再び姿を見せるだけの余裕《よゆう》があるわけだ。家康にはもう一度武田の牙《きば》を見せておかねばならぬなぁ」

そう言って顎髭《あごひげ》をしごくのは秋山信友。

智勇兼備《ちゆうけんび》の武田二十四将に数えられる優秀な将であるが、やはりそこは周りのヒャッハー状態がいつもの冷静さを失わせていたのか、

「見たところ五千も行かぬ兵数。身《み》の程を教えてやらねばならんか」

「ならば儂《わし》が出向いてやろう！　攻城戦では出番がなく暇《ひま》をしておったのよ。直々に手を下してやるのも面白《おもしろ》かろう！」

「……わかりました。では穴山殿に兵を預けましょう」

「おお！　話が早いのう、秋山！」

そう言って攻城戦ではなく、武田お得意の野戦に持ち込もうとしたのである。

「お、お待ちください！　相手の兵が自軍より少ないとて、無駄《むだ》に野戦を持ちかけ兵を失うよりは攻城戦にて兵を温存するのが吉《きち》では有りませぬか!?」

昌幸の言葉はもっともであったが、勝利の美酒というのは何よりも旨《うま》いものである。

そして、先日武田の騎馬隊がどれだけ精強であるかを自覚してしてしまった、あるいは無自覚の自惚《うぬぼ》れなのか。

実際戦えば強い。

そして戦って下して間もない相手だ。

策を立てるにも間を置かなすぎる。

たとえ策があったとしても踏みつぶしてしまえばいいのである。

確かに生半可な罠《わな》なら逆に食い破る突進力《とっしん》が武田騎馬隊には存在する。

言っていることは決して間違いではないのだ。

「昌幸よ、武田は虎《とら》よ。牙を見せ他《ほか》の動物を威嚇《いかく》して怯えさせてこその虎よ」

ここで消極策を取れば風評にも関《かか》わる。

むしろ罠がありそれを食い破ってこそ周辺諸国に武田の武威《ぶい》が轟《とどろ》くというもの。

秋山信友も何も考えなしに野戦に臨《のぞ》むわけではないのだ。

むしろ武田たる自負の強さ故の選択《せんたく》とも言える。

「……わかりました」

若い昌幸はそれ以上何も言うことができず俯《うつむ》くことしかできずにいた。

もしここで権限と冷静な判断を下せる者がいれば、また違った戦況になったかもしれない。

なぜ浜松城への追撃の手が緩《ゆる》まったのか、その要となった種子島という存在は武田にとって未知の物ではあるが、馬を混乱させる等《など》の副次的効果に目が向いてしまい、本来の威《い》力《りょく》にまで考えが回らなかったのである。

――――『徳川EYES』

「くっ！　やはり武田の兵は強い……！」

先鋒《せんぽう》を務めるのは本多忠勝。

家康に過ぎたるものと称《しょう》された者であってもやはり武田の騎馬隊の突進は容易に受けき

れるものではなかった。

「いいか！　指示の通りあの場所まで専守防衛しながら後退っ！　その後は鏑矢《かぶらや》を合図に全力で駆《か》け抜《ぬ》けよ！」

後ろ向きに前進しろと言っているようなものだが、本来の三河武士というのは粘《ねば》り強《づよ》く逆境に強いという性質を持っている。

それはこれまでの時間の中ではいつでも他者の風下に立たなければならない中、腐《くさ》らずまっすぐ主君の可能性を信じた雑草魂《だましい》こそが本質なのだから。

「ふははははは!!　弱い、弱いな本多とやら！　小杉左近《こすぎさこん》から大層な評価を得てるようだが、コレほどに他愛《たあい》ないと評価の正当性すら疑ってしまうぞ！」

もう誰にも止められないほどエキサイトしている穴山。

その罵詈雑言《ばりぞうごん》を何事も無くいなす本多忠勝。

戦況は拮抗《きっこう》しているようで武田が競《せ》り勝《か》っているようだ。

隊列こそは崩《くず》していないが、ジリジリと後退させられる徳川軍を優勢と見る者は誰も居ないだろう。

だがそんな劣勢《れっせい》の中で本多忠勝やその配下たちの眼《め》の奥《おく》に燻《くすぶ》る炎《ほのお》の色がある。

両者の違いはただ一つ。

それは勝利への確信。

己《おのれ》の勝利を疑わない迷いなき自身の行動の正当性である。


――ヒィイイイイ……


どこからか鏑矢の音が鳴《な》り響く。

それは反撃《はんげき》の狼煙《のろし》。

機は熟したのである。

「合図だ！　前方の藪《やぶ》に向かって突撃《とつげき》せよ‼　決して振《ふ》り向《む》くな！　この藪を抜ければ、我らが後ろには『武の一文字』が立ちふさがっておる！」

藪に向かって入る途中にたなびく『武の一文字』の旗を見た忠勝は一つ息を吐《は》いた。

その吐いた息が疲労《ひろう》からか、溜息《ためいき》からかは本人にしかわからないだろう。

――『久秀EYES』

「狙いを定めなくてもいい‼　とにかく撃って撃って撃ちまくれっ！」

残念だがここは〝釣《つ》り野伏《のぶ》せ〟の殺し間の真《ま》っ只中《ただなか》だ。

左右三百五十丁ずつ佐久間隊、滝川隊で回し撃ち七百丁をフル回転で撃ちまくる。

硝煙《しょうえん》の臭《にお》いと種子島の炸裂音《さくれつおん》で頭がおかしくなりそうだ。

まあ、だがその爆音《ばくおん》が全《すべ》て武田騎馬隊へと向かっていることは間違いなく、七百×十回撃てたとしても七千発の弾《たま》が飛《と》び交《か》っているわけだから、相当な兵数が削《けず》れている上に、こんな風にやられるとは思いもよらなかっただろうから、士気もガタ落ちしているに違《ちが》いない。

「しかし凄《すご》い光景というか状況というか……俺も戦国時代慣れしたもんだと改めて痛感させられるなぁ」

見渡《みわた》す限りに人と馬が犇《ひし》めいていて、その中で飛び交う銃弾《じゅうだん》。

砲声《ほうせい》と共に次々とザクロのように体のどこかを弾《はじ》け飛ばしていく。

前世ではまず正気ではいられなかっただろう光景。

だが、驚くべきはこの光景に何の感慨《かんがい》も湧《わ》かないことだ。

策が嵌《は》まってやったね！　くらいの心境である。

「これも慣れなのかねぇ……」

「……どうかされましたか？」

「……いや、なんでもない」

頭を振って深呼吸をする。

気分を変えるには至らないが、それでも切《き》り替《か》えることはできそうだ。

さて、薩摩《さつま》の島津《しまづ》が最も得意とした戦法『釣り野伏せ』。

この戦法によって島津家の三男である島津家久《いえひさ》は、大名首のタイトルホルダーにも輝《かがや》いているという凄《すさ》まじい威力を誇《ほこ》る戦法ではあるが、この策を扱《あつか》うには難度とそのタイミングの難しさがネックになっている。

そこで本来は囮《おとり》が反転するところを種子島で足止めをし、本多隊を逃がす。

そして空いた穴は俺と才蔵、利家のお馴染《なじ》みトリオで塞《ふさ》ぎ、頃合《ころあ》いを見て一斉攻撃《いっせいこうげき》。

懸念《けねん》は本多隊の種子島に対する馬の恐怖《きょうふ》だったが、なんとか俺たちに付き合っているうちに馬も慣れてくれたようで問題なく戦線を離脱《りだつ》してくれている。

後は種子島が尽《つ》き始めたとき反転して武田軍の背後を取り包囲網に敷《し》き、この軍の総大将や大将首を確実に打ち取るだけだ。

そうすれば人材も兵数も釣り野伏せの情報も上手《うま》く伝わらず、武田を自失状態へと持ち込み少しでも優位に立てるという半兵衛と俺の策である。

それにしても種子島が手に入って良かったな。

種子島がなければ如何に釣り野伏せで三方面攻撃《こうげき》しても競り勝てたかわからない位に武田の騎馬隊は突進力がある。

後でちゃんと信長にはお礼を言っておこう。

「久秀殿《どの》、そろそろ準備を。一気に畳《たた》み込んでください。大将首だけを狙って行動を！」

「ああ！　幾《いく》つかの首はとって来てやるさ！」

そう話してるうちに途切《とぎ》れていく種子島の音。

一気に砲撃《ほうげき》をやめて、硝煙の中で目眩《めくら》ましと正気を取《と》り戻《もど》す時間に敵陣《てきじん》深く突撃するためのコレまた半兵衛の策である。

普通《ふつう》に話す分には良い奴《やつ》なのに、戦が絡《から》むとマジ鬼だからな。

敵を哀《あわ》れに感じるときさえある。

そして、完全に途切れた瞬間《しゅんかん》、

「全軍突撃!!　俺の旗を『武の一文字』を見失うんじゃねえぞ!!」

一気に硝煙が渦《うず》巻《ま》く中に飛び込んでいく。

種子島を撃っていた兵も槍を持ち、俺の後方にいた兵は今か今かと機会を待ちかねたこの時。

全軍で総攻撃《そうこうげき》をかけたこの瞬間、もう既《すで》に勝敗は決していた。

「ふぅ…」

毎度のことながらこの戦のあとの疲《つか》れっていうのは、気が抜けるっていうか慣れないもんだ。

だいたいの兵は種子島で瀕死《ひんし》になっていたから手を下すまでもなく、大将首を探しまわってたんだが、偉《えら》そうなやつは一人くらいしか打ち取れなかったっていうか、いなかったんじゃないのか？

「久秀様！」

一人の兵が俺に報告してくれる。

ご苦労様、と礼を言いながら報告を聞くと、

「生き残った武田兵に調べさせた所、とんでもない大物を見つけた模様！」

「大物だと？」

「穴山信君！　武田信玄の娘婿《むすめむこ》であり、御一門《ごいちもん》衆の一人でもある人物です！」

「穴山信君……どっかで聞いたような……？」

考えてはみるがどうにも思い出《だ》せない。

この世界に来てもう三十年以上経ってるわけだしな。

前世の記憶もそりゃ曖昧《あいまい》にもなるというものだ。

それでもたいていの基礎《きそ》知識は覚えているのだから、脳の記憶容量は思っている以上に大きいのかもしれないな。

まあ、とりあえず俺が名前を知らなくても、周囲に認知《にんち》されている大物を討《う》ち取れたんだから良しとするべきなんだろうな。

穴山……穴山……穴山……

「……ふぐたぁ～くぅ～ん。今夜～いっぱいぃ～どぅ～かねぇい」

それは穴子《あなご》さんであった。

この徳川の大勝利が、後の対武田にどう影響《えいきょう》してくるか、俺にはよくわからないが半兵衛がいてくれるからまず間違いは起きないだろう。

何はともあれ武田に一矢《いっし》報《むく》いたっていうのは大きい。

信長にも良い報告が書けそうで何よりだ。

第二章　《束《つか》の間《ま》の均衡《きんこう》、良いこともあれば悪いこともある》

1

元亀二年（一五七一年）

武田《たけだ》本隊が攻め込んだ野田城《のだじょう》には信長《のぶなが》本隊が詰《つ》めており、兵農分離《ぶんり》による兵と財力にモノを言わせた某大戦《ぼうたいせん》の米の国を思わせる物量作戦で、回し撃ちもあり武田攻城戦《こうじょうせん》に敗北

武田は苦渋《くじゅう》の選択で堀江城《ほりえじょう》に戻るも野戦で大敗、多くの戦死者を出し、穴山信君《あなやまのぶきみ》戦死報告を受けショックを隠《かく》しきれずにいた

「久秀《ひさひで》様、文が届いておりますよ」

とりあえずあの釣り野伏せから武田の動きが慎重《しんちょう》になったため、この機に態勢を整えようと兵站や内政官の仕事が多くなってきており、俺も一応内政官の一員なので仕事をしているところだった。

しかしよかったな、信長なら実際見てなくても概要《がいよう》を理解すれば回し撃ちを指揮できると思っていたが、野田攻城戦ではそんな杞憂《きゆうい》が要らないくらいの大勝をしたそうだ。

まあ確かに突っ込むかハシゴから登るかするしか無い攻城戦の攻め手は種子島《たねがしま》の回し撃ちの良い的になるだろうなぁ。

相手は弓矢でこちらは種子島、火力がまず違う上に攻城戦の守る側だしな。

すっげえいい顔しながら指揮してたのが目に浮《う》かぶようだ。

と、今は半兵衛《はんべえ》が文を持ってきてくれているんだっけか。

「ありがとさん。で、誰からだ？」

「今回は信長様と秀吉《ひでよし》様、明智《あけち》様と丹羽《にわ》様、松永弾正殿《まつながだんじょうどの》に……おや？　お市《いち》様からも来てますね」

「結構来たな。ってかお市からは別に珍《めずら》しいことじゃないだろ？」

「まぁ、そうですが…普段《ふだん》の言動を見ていると筆不精《ふでぶしょう》かと思っていたものですから」

「ん～…俺も実際そうだと思ってたけど案外読んだり書いたりするのは面白いよ。面倒《めんどう》くさい相手には祐筆《ゆうひつ》任せだけど」

筆不精か…俺は現代ではメール不精《ぶしょう》というか、電話してこいよ派だったなぁ。

あのチマチマした部分部分を千切って渡すようなやり取りが、めんどくさかった記憶がある。

まあ、前述の通り俺とお市は結構頻繁《ひんぱん》に文のやり取りをしている。

現代だとメールっていうのはすぐ届いてすぐ返してで結構面倒くさい部分があったけど、この時代に来て文を書くっていうのは案外面白いというか趣《おもむき》があって好ましい。

紙とか硯《すずり》や筆は用意してくれるから面倒じゃないし、人任せだけどまぁそれくらいは許される立場だと思いたい。

文章を読みながら、こんなこと思いながら書いたんだろうな、とか想像したり、近況報《きんきょう》告でもちょっとした言い回しに感心したりメールに慣れていた俺にとっては新鮮《しんせん》だったのだ。

後は折角《せっかく》仲が良くなったり縁《えん》が出来た人にはマメに文通してたりもする。

秀吉なんかはその筆頭だな、っていうか寧々《ねね》さんともたまに文通するしな。

っていうか奥さん方から文がやたらに来るんだよな、松《まつ》さんもそうだし特に濃姫様《のうひめさま》かな。

あの人ツンデレだと思って、文で信長が戦中にたまに濃姫は何をしているか等、意外と気にしてたりしていますよ。たまに顔を見せてあげると喜ぶかもしれませんね、的な文を送ったら速攻《そっこう》で返信が来たからね、速達な上に巻物みたいな大量の文が。

だいたいこんな感じの文だっけか？

『我《わ》が夫の唯一《ゆいいつ》の友人である平手《ひらて》久秀様からこのようなお気遣《きづか》いをいただき誠《まこと》にありがたきことでございます。夫が出先で何をしているかを考えると気になるものの、お気を煩《わずら》わせる事を考えると文を出すにも憚《はばか》られ、顔を合わせればお互《たが》いに今までの事もあり素直《すなお》になれぬ為、この頃《ごろ》は禄《ろく》に会話らしい会話もしていない中、このような形で夫がそのように私を思ってくださる想《おも》いが存在していたことに思わず涙《なみだ》を流してしまいました。いけませんね、私は美濃《みの》の蝮《まむし》と呼ばれた斎藤道三《さいとうどうさん》の娘《むすめ》であり織田《おだ》家の正室、毅然《きぜん》とせねばならぬとわかっていながらも夫の行動一つで一喜《いっき》一憂《いちゆう》してしまう自分が情けなくも、些細《ささい》な事で嬉《うれ》しく思う自分がいることに（以下略）というわけで私からは歩み寄れず、夫からも歩み寄っていただけぬこの身の寂《さび》しさを夫のご友人である平手様に頼《たよ》るのは心苦しいですが、どうかお力添《ちからぞ》えをしていただけないでしょうか』

というツンデレというか、普通の女の人で情が厚いが名家の矜持《きょうじ》と吉乃《きつの》さんや信忠《のぶただ》の存在がネックになって素直になれなかっただけなんだなって思ったよ。

凄い心細かったんだなぁ、凄い文章量なのに誤字一つなく達筆だったし。

まぁそれから濃姫様とも文通が始まっているんだが信長は間違いなくツンデレで、気を使ってやれって言うと、今更《いまさら》素直《なお》になれるかアホ！　みたいにテンプレみたいなこと言いながら、懐《ふところ》からかんざしを俺に寄越し濃姫様にプレゼントして、勘違《かんちが》いするなよ!?　この前見た時髪《かみ》がうっとうしそうだったからコレをやるだけだからな！　とかお前の先進性は一体どの分野まで適応されるんだと言わんばかりのツンデレぶりである。

と、そんなことを考えていると、半兵衛がいつものように苦笑いしながら、

「もちろん濃姫様からもお預かりしておりますよ」

そう口を開いた。

この『信長、濃姫いい加減仲直りしろ戦線』は俺の家臣の間にも広がっており、濃姫からは性生活から夫婦《ふうふ》の会話まで俺に知らないことは無いんじゃないかってくらい情報が集まっており、ある意味この武田戦線と同じくらい熱い抗争《こうそう》が広がっているのである。

まあ人の恋路《こいじ》は最高の酒の肴《さかな》であることは言うまでもない話で、

『チキチキ！　第三回　いい加減仲直りしろよ信長＆濃姫大論争!!』

などというもはや会議という名の飲み会へと場を移すのである。

「もういい加減信長も素直になればいいのに、何が「是非《ぜひ》に及《およ》ばず」だよ。その言葉使い

たいだけなんじゃねえかっつーの」

「まあまあ、こうして夫婦でありながら不仲の時が続けば、時が経《た》ってしまうほど普通の交友関係のようには行かないのは確かなことですし…」

「うるせぇ氏郷《うじさと》！　そういえばテメェ初《はつ》とこの前護衛振りきって夜の街に消えていったそうだな！　もう夫婦気取りか！　いい加減なことしたらぶっとばすぞテメエ!!」

最近、初が氏郷と結婚《けっこん》したいとか言い出したときは、もうショックでアメリカンジョーク風な目ん玉がびよーんってなるかと思ったわ。

その後、氏郷に結婚の意思があるかと聞いたら以前から恋仲《こいなか》だったとか。

まぁ初が氏郷に内緒《ないしょ》で先に両親に内約を取り付けようとしたのがホントのところらしいんだけど、俺あの時は初号機並みの暴走をしていたようで、あやうく氏郷を肉片《にくへん》に変えてしまうところだったらしい。

まあ結局は両想《りょうおも》いでお互い好きあってるなら文句はないってことで、両親公認《こうにん》となった二人の婚約《こんやく》。

たまにいちゃついてる所を見ると微笑《ほほえ》ましくて、氏郷を蹴《け》っ飛ばしたくなるけどな。

「ちょ、アレは初に無理やり…！　父上に殴《なぐ》られたら死んでしまいますよ!!」

「じゃあなんだ！　俺の娘がふしだらにも自分からお前を誘《さそ》ったとでも言うのか、ええっ

「⁉」

「あがががが……ッ」

俺のコブラツイストを受けながら必死に弁解する氏郷。

未《いま》だ存在しないだろう関節技《かんせつわざ》。

まだこの技はこの時代ならフィニッシュホールドとしていけるはずだ、そうだろ猪木《いのき》！

「まぁまぁ、今は信長様と濃姫様に関してのことでの会議中（？）ですから」

「ちっ」

ぽいっと投げ捨てる氏郷がさめざめと泣きながら、初、俺は挫《くじ》けそうだ、とか言っているけど婚約解消したら縁も切って首も斬《き》っちゃうからね？

そういえば最近の初はお市に似るとこは似てるけど少し系統の違う美人なんだよな。

茶々《ちゃちゃ》の方がお市に似ているといえば似ているが、俺としては少し垢抜《あかぬ》けた感じがある初のほうが可愛《かわい》いと思うんだよね。

お市は可愛いというより美人のキレイ目系な清楚《せいそ》タイプ。

茶々もほとんどお市とタイプは一緒《いっしょ》だ。

初はどちらかというと綺麗《きれい》とカワイイ系の中間のスポーツ系タイプ。

江《ごう》は子犬系というかまだ生まれて間もないしな、将来はカワイイ系の大人しめ系になるんだろうか。

いやぁ、どの娘たちも可愛いよ、マジで。

色々縁談《えんだん》申し込まれてるけど俺を倒《たお》せたら考えてやるって言ってるのに、誰《だれ》も挑戦《ちょうせん》してこないなんてウチの娘に魅力《みりょく》がないとか言われてるみたいで腹立つ話だ。

男ならどんと来いって話だよ、ドンとぶっ飛ばしてやるけどな。

「まぁとにかく信長様は頑固《がんこ》な方ですから、濃姫様の方から歩み寄るのが一番の方法なのではないでしょうか？」

俺がそんな益体《やくたい》もないことを考えてるうちに発言するのはまさかの家康《いえやす》殿である。

ちなみにこの会議（？）の出席者は俺の他にも徳川《とくがわ》方も参加しており、徳川家康殿、本《ほん》多《だ》正信殿、鳥居元忠殿など徳川の誇る武将がこんなしょうもない問題に頭を悩《なや》ませているという不思議な光景である。

ちなみにこちらも竹中《たけなか》半兵衛、羽《は》柴秀長《しばひでなが》、平手氏郷、宮部継潤と俺の頭脳を並べてみた。

脳筋共はどうせろくな事を言わないだろうから呼んでいない。

ちなみに継潤は今回の野戦では活躍《かつやく》してくれていて、各隊の連携の強化、半兵衛の補佐等の裏方で頑張《がんば》ってくれた功労者である。

ただちょっと地味な部分だったので今まで名前が出てこなかっただけなので別に省いて

いる訳では決してない。

「それが濃姫様が言うには吉乃さん…ああ、信忠様、お世継《よつ》ぎをお産みになった方なんですが、その方は少し前に亡《な》くなりまして。その寂しさにつけ込むようであることも、自分が代用品とされてしまうことを恐《おそ》れ、二の足を踏《ふ》んでいる次第《しだい》でして」

「左様な事情が…。確かに難しいですな」

徳川の知恵袋《ちえぶくろ》とまで言われる本多正信殿がこんなしょっぱい問題にまじめに悩んでいる。未来から来た俺的には頭を抱《かか》えたいところだが、堪《た》えなければなるまい。

「確かに弱みに付け込むような形にはなりますが、それもまた悲しみを受け止めると考えることで今は愛《あた》を与え、包容力と母性を織田殿に向ければ自然とお二方は上手く行くのでは無いでしょうか？」

そう語るのは鳥居元忠殿。

この人は俺も大河で知っているけど何かの戦いで徳川家康に死ぬのと同じくらいの絶対勝てない攻城戦を任せられるんだけど、何の不平も漏《も》らさず、兵も最小限だけでいいと兵を家康に籠城《ろうじょう》に必要な数だけ残して後を返し、思えば長いつきあいになりましたなぁ。今までお世話になりました、とだけ言って、断固交戦して城にいた兵が一兵残らず全員が討ち死《じ》にしたという凄まじい最期《さいご》を飾《かざ》る人だ。

やっぱりこういう人の言葉は重みがあるな（未来知識で今はまだそんな事はないわけなんだが）。

「そう俺も濃姫様に言ってるんだけど、やっぱり信長を目の前にしちゃうと嫉妬《しっと》もあるんだろうな。素直になれないんだってさ」

「むぅ、女心は秋の空と申しますしなぁ。鬼のような時期もあれば、驚くほど素直で優《やさ》しい菩薩《ぼさつ》のような時期もある。私は浮気《うわき》がバレた時など薙刀《なぎなた》を持って追いかけられましたからなぁ」

思い出すかのように語る元忠殿。

素晴《すば》らしい武功と忠誠を思い出していた後にオチをつけないでくれないかな、イメージ崩れるから。

さっきの忠誠の話が霞《かす》んで来たよ、おい。

「しからば信長殿に無理やり事をいたしてもらうのはいかがか？　情は後からついてくるとも言いますし」

とんでもないことを言い出す本多正信殿。

なにその嫌《いや》よ嫌よも好きのうちみたいなの。

「いや、濃姫は父である道三も亡くし、斎藤家が所在不明な中、今は織田にしか縁がなく非常に心細く思ってるみたいですし、無理やりそんなことをしたらどうなるか」

第一回、第二回では俺の嫁《よめ》のお市を通じて縁を作り、娘たちも積極的に濃姫様が寂しがってるから構ってやってくれと言って対応させたら、また速達で巻物みたいなお礼の手紙をもらったのだ。

どんだけ寂しかったんだよって、お市もなんか同情的になって信長を責めたら逆に意固地になったようだ。

本当に面倒くさいやつだなアイツは。

今は自然に奥様方《おくさまがた》の井戸端《いどばた》会議に参加できるようになったんだとか。

それはそれで朗報ではあるんだけどどな。

寧々さんがそこら辺は上手くやってくれたみたいで、なんて言うかあの人は秀吉の嫁っていうだけじゃなくて寧々さんっていう一人の武将みたいな存在感があるのか、非常に頼りにさせてもらっている。

機転も利くし、度胸もあるし、人を見る目というか観察眼が凄い。

男だったらさぞ名のある武将だったんだろうなって思わせる何かがあるのだ。

ちなみに秀吉の浮気を最近チクったんで、秀吉は今頃《いまごろ》ヒーヒー言っているに違いない。

俺の下にいる間は女遊びも一緒に楽しんだり、ハメを外させないように俺が見張っていられたけど、俺《おれ》の下離《はな》れちゃったからな。

手紙だとアイツは饒舌《じょうぜつ》になっていらんこと書くからな、よもや情報が元上司で奥方の文通の友とは思うまい。

ケケケ、俺の下を離れた報《むく》いというやつだ。

「しかしまあ、こうして話してもやはり結局は本人同士がどうにかしろよっていう結論にしかならないんですよね」

「まぁ、言い方はアレですが、たしかにそうでしょうな」

ちょっと苦笑いをしながら頷《うなず》く家康殿。

「そういえば家康殿も最近お子さんが生まれたそうで、どうですか？　やっぱり可愛いもんでしょう？」

「おお！　去年子供も生まれましてな！　やはりこの手に抱《だ》くと親になった実感がじんわりと湧《わ》いて来ましてなぁ。まだ幼いのに凛々《りり》しい顔付きの男児でしてな！　将来は忠勝《ただかつ》に師事をさせそれはもう凛々しい若武者になることでしょうな！　今から待ち遠しくてしょうがありませぬわ！」

「そ、そうっすか？」

自分で振っといてなんだけど凄い食いついてきたんだけど。

周りの徳川家臣を見ると、誰も目をあわせてくれない所を見るとこの話題は家臣の間では鬼門《きもん》であったらしい。

ここからは徳川家康のオンステージ、我が子竹千代《こたけちよ》がいかに将来を嘱望されているかの会に変わったことによって、話の趣旨《しゅし》は代わり、それぞれで話し合う飲み会へと変わっていったという。

そして夜が明け、改めて信長の文を見ると、

『前回あった件に関しては処理しておいた。まぁ大きな問題にはなるまい。それと越前《えちぜん》は以前通り順調、ただ本願寺《ほんがんじ》は一向一揆《いっこういっき》に悩まされてはいるが、対武田に差《さ》し障《さわ》るような事態を起こすほどの大事にはなるまいよ。

と、まぁ、前書きとして書いたが今回の重要な点はそこではなくて、まあなんだ、お前も気にしていたようだからな、こうして報告するのも筋と思うてな。いやまあ、お濃との誤解が溶《と》けたというか、まあ夫婦としてやっていけるかというくらいの関係にはなったのではないかと思うくらいには関係は修復されたということを伝えておこうと思ってな。

意外と俺のことを思ってくれていたのを知った文を偶然《ぐうぜん》見てしまってな。あやつがあれほどに俺のことをと思うとな…まぁ俺としては夫婦だし、応えなければならない立場であ

るからにはそれなりの態度は見せねばとな。

いや、勘違いするなよ！　お前の世話になったと言っても主にお市や寧々がお濃に気を配った事が（以下略』

俺はその手紙を静かに置くと、

「お～い、半兵衛～。火を持ってきてくれるか～？」

ツンデレの惚気《のろけ》話ほどウザいものはないと確信した日であった。

ちなみにまた速達で濃姫様から手紙が届いたが、今度は巻物っていうかデカめのバームクーヘンみたいな手紙が送られてきたのは余談である。

2

昨日の会議は踊《おど》れど進まずといったところで、また機会を作って話し合おうという結果になった。

まあ、ただの飲み会の口実になってしまった感はあるが、徳川の武将と縁を深めておくのは悪いことではないだろう。

史実でも家康殿《どの》は信長が生きている間は、決して裏切らなかったんだからな。

ただ、その後秀吉が天下を統一し、死んだ後の腹黒さはエグいモノがあったけど。

まあ、その頃《ころ》には俺は生きていたとしてもヨボヨボの爺《じい》さんだろうし、信長を本能寺で死なせないために頑張っている訳なんだがね。

「と、そういえば昨日の文は殆《ほとん》ど読んでなかったなぁ……ま、今はまだ昨日の今日で武田もおとなしくしてくれるだろうし」

届いたのは織田家の重臣方だが、まずは秀吉から片付けていくかね？

『いやお久しぶりにございます。本願寺の方は羨《うらや》ましくなるくらいの酒池肉林でしてなぁ、こんな教えがあるのなら是非ともワシも入教したいと思えるくらいですぞ。

さて、本題なのですがこちらには本願寺という強敵がいるのですが、それ以上に雑賀衆《さいかしゅう》という傭兵《ようへい》のような組織があるのですよ。やはり傭兵ならば賃金でということで話し合いをした所、案外その傭兵の頭である鈴木重秀殿《すずきしげひでどの》、ああ代々雑賀孫市《まごいち》と名称《めいしょう》を継《つ》いでいるそうなんですがな、なんと驚《おどろ》くことに傭兵団であるのに数千丁の種子島を保有するとか何とか。

色々と話しているうちに例の回し撃ちですかな？　アレの本質は理解していないものの興味が湧くように誘導《ゆうどう》して本願寺と対立を煽《あお》れないかな、などと画策したりしております』

「相変わらず食えないやっちゃなぁ…。雑賀孫市か、俺でも知ってるくらいの有名人だからな。油断はしないようにちゃんと釘《くぎ》は刺《さ》しておくか。ま、無駄《むだ》なおせっかいだろうけど」

未来知識の中の雑賀孫市はとにかく種子島とセット扱いされていた人物だ。

種子島の名手ってことは回し撃《う》ちで打ち手に雑賀衆を持ってきて隊列を組めば、効率が凄いことになりそうだ。

まぁ、実際は情報の流出の問題で傭兵に織田家の対武田戦線の秘策を教えることは出来ないし、そこら辺を分からない秀吉じゃないだろしな。

後は近況報告や浅井《あざい》家臣が意外に使えてラッキー的なことを書いているだけで、これといったことは書いていなかった。

まあ、ただの足軽からこうして城持ちに王手かけるくらいに活躍している秀吉だからなぁ。

俺が気を回さなくても要領よく世の中を渡《わた》っていくだろう。

できる奴は放っておいても大成するもんだし。

気を揉《も》むだけ無駄という気もしなくもないという気もしなくもない。

一応説明しておくと、俺は今までの活躍から城持ちになってもおかしくないっていうかそもそも織田家No.2なんで、もってなきゃおかしいくらいの権力は持ってるんだけど、はっきりとそれを俺が辞退したりする。

なんでも半兵衛が、

「権の大きものは禄《ろく》少なし、その逆もまた然《しか》り」

なんて言って、領地はほとんど持たせず（暇《ひま》なときは信長の居城に部屋を借りて泊《と》まってたりする）、信長も暇な時は信長の側控《がわひか》え、戦時は一箇所《かしょ》に俺を留《とど》めようとせずに各地へ気楽に投げるもんだから、もう那古屋《なごや》すらも俺の故郷って感じがしない。

家臣団の禄等《など》に関しては全部半兵衛に丸投げしてるけど、よもや領地まで全力投球で投げるとは思わなかった。

ま、べつにそれに関してはお市も信長の側で嬉しそうだし、なんだかんだで信長はほっとけないからな。

領地を貰《もら》ったところでどうせ最前線まっしぐらに配置されることうけ合いだしな。

内政なんてできる自信はないし、家《うち》の家臣はどうも脳筋が集まる習性があるらしいので、都合の良いポジションではあるんだよな。

とまあ、そういう領地や報償《ほうしょう》を過分に望まないという経緯《けいい》があってこそ種子島千丁要求やら信長に対しての発言権や、重臣達の軋轢《あつれき》から解放されてるとこもあるし、物は考えようってことだな。


しかし、権力か。

秀吉は上昇《じょうしょう》志向で張り切ってるけどな。

どうも俺はそういう上昇志向はないみたいだな、ヤル気のない現代人そのものだな、全く。

「ん、コレは松永弾正のジジイからの手紙か？」

そんなことを考えながらふと目をやると、弾正からの手紙が目に入る。

アイツはアイツで秀吉並みに厄介《やっかい》なやつだからなぁ。

現代の時は波瀾万丈《はらんばんじょう》で凄い好きだったけど、巻き込まれる方は溜《た》まったもんじゃないからな。

こうやって文通してる分にはお茶目《ちゃめ》なジジイって感じで面白《おもしろ》いんだけどなぁ。

『いやぁ茶の湯は奥《おく》が深いですな。最近は謀略《ぼうりゃく》を考えているより平蜘蛛《ひらぐも》や九十九茄子《つくもなす》、さらには最近天下《てんか》三肩衝《さんかたつき》のひとつ『初花肩衝《はつはな》』を宗久《そうきゅう》殿から譲《ゆず》っていただきましてなぁ！　もうこのまま茶の湯に没頭《ぼっとう》するため隠居《いんきょ》しようかと思ってしまうこともしばしば――』

「オイィィィ！　働けよジジイィッ!!!」

のっけからハイテンションで自慢《じまん》の茶器のことを語って嬉しそうにしている様子を想像させられる。

こっちがどんだけ大変かわかってんのかクソジジイ！

なんか凄いはしゃいだジジイの姿が目に浮かぶがとりあえず脳内から蹴りだしておく。

なんかもう読む気をなくしかけたが、とりあえず続きを読もう。

『さて、まぁ秀吉殿《どの》とも連携《れんけい》は上手くいってまして、信長包囲網《ほういもう》の一角の本願寺戦線は大きな被害《ひがい》なく終わりそうでしょうな。全く器用で要領のいい御仁《ごじん》でこの久秀の目をもってしても底を見せぬ深さを感じさせながらも、愛嬌《あいきょう》がある。今でも十分大物ですがもしかしたら更《さら》に大きな…なんていうことも思ってしまいますなあの方を見てますと』

ふーむ、やっぱり秀吉は大局的視点を持つ人や身分意識のない人物鑑定《かんてい》に鋭《するど》い人からすると大物に見えるらしい。

俺の知っている中でも、信長、半兵衛、秀長、弾正、丹羽殿《どの》等《ら》の武より文に強い人物には評価が高い。

更に驚くべきは、その評価を下げないどころか上げてくるところだよな。

不良がいいことするといい奴に見える原理で、出来ない奴が凄いことをやると持ち上げられるがその後が続く例はあまりないのだ。

ところが秀吉は危ない橋を率先《そっせん》して楽しそうに渡り、当たり前のように帰還《きかん》しては武功を持ち帰ってくる。

底が見えないんだよな、一時期部下としていた身としては。

恐怖って感情を楽しむ節っていうか、リスクマネージメントってなんですか？　状態でハイリターンなら飛びついて当たり前のように利益を手に入れる。

天運なのかね、こういうのって。

ま、最期は悲惨《ひさん》な死《し》に際《ぎわ》だったけど。

『とまぁ、信長包囲網も越前方面で上杉《うえすぎ》さえ動かなければ特に問題は無いでしょうな。やはり問題の渦中《かちゅう》となるのは対武田戦線。平手殿と滝川《たきがわ》、佐久間殿《さくまどの》がいたとしてもやはり武田は脅威《きょうい》。なにせ京にまで轟《とどろ》く武勇ですからな。あ、そういえば最近房事《ぼうじ》の書をしたためてましてな、そろそろお市殿ともマンネリ気味になるころかと、この弾正考えまして、この脳の皺《しわ》からあらゆる手管を絞《しぼ》り出し、それはもうお市殿も天に昇《のぼ》ること間違《まちが》い無しの——

——』

「テメエが天に昇れジジイィィィイッ!!!」

あまりの文脈の無さに壁《かべ》パンしたら、穴が開いてその奥にいた氏郷がモロに礫《つぶて》を受けて気絶しているが俺は悪くないと思う。

ってかなんでいきなりエロ本の話になってるんだよ！

全然関係無いじゃん！

もういいや。

肝心《かんじん》な部分だけを抜《ぬ》き出して読んでいこう。

まじめに読むと疲れるだけだ。

『この辺でそろそろ本題へと入らせて頂きますが、今の平手殿の陣営《じんえい》は少々武田と戦うには色々に不足があるとワシは思い、少し手を回させていただきましてな。いや茶の湯というのは色々な人材の交流、社交場といってもいい場所でして。天下の名物を持つ身としては少しばかり融通《ゆうずう》を利かせることができましてな、少しばかりの贈《おく》り物《もの》を送っておきました、とこの言葉で締《し》めくくらせていただきましょう』

「……はぁ？」


よくわからないが弾正がなんか俺にくれるっていうことなのか？

まあよくわからないけど、この文が届いたのが三日前っていうのならそろそろ何かあってもおかしくないだろうから、覚悟《かくご》だけはしておこう。

しかしフリーダムだな弾正は。

あんだけ自由に生きてる人は他《ほか》に知らねえよ。

史実では信長に反旗を翻《ひるがえ》して爆死《ばくし》する運命だけど、どうかそんな未来は来ないでほしいもんだ。


そんな手紙が届いた数日後とんでもないことが起こるのである。

「久秀殿《どの》。お客人が来ておりますぞ？」

背後からかかる声は半兵衛のもの。

何かちょっと呆《あき》れたようなニュアンスが感じられるのは気のせいだと思うことにした。

「え？　っていうか浜松城《はままつじょう》って家康殿の城だから普通《ふつう》は家康殿の客人じゃないのか？」

そもそも俺自体が客将《かくしょう》なんだから、客将に客とかちょっとおかしな話である。

もうちょっとで終わりそうな書簡が目の前にあると、終わらせておきたくなるこの気持ち。

「済まないが、ちょっと手が離せなくてなぁ。待っててもらってくれないかなぁ」

一応仕事中だし、織田家では結構な身分だから少しくらい待ってもらっても罰《ばち》は当たらないよね。

そう思いながら、落ち着くようにお茶を口に含《ふく》み、

「しかし、その客人というのが千宗易《せんのそうえき》と申しておりまして」

「ブフゥゥゥーーーッ！！！」

せっかくの書類が見るも無残な姿へと変貌《へんぼう》していくのを見ながら、絶賛混乱中である。

「改めまして、千宗易というのは弾正殿から『かの御仁には印象的な名前であるからすぐに会ってくれるだろう』と」

「忘れるにも忘れられませんよ、あんな無茶《むちゃ》をやらかした上に弾正殿に振り回されて散々でしたんだから！」

思い出《だ》すと振り回されてはいたが、最後にはキチンと纏《まと》め見せる辺りが乱世の梟雄《きょうゆう》たる所以《ゆえん》なんだろうなあ。

いい年した爺さんのはずなんだが、やたら元気で困るわ。

「いやまあ、それはいいとして。コホン。さて、そろそろ自己紹介《しょうかい》を。私の名前は平手久秀と申します」

頭を下げるのは日本人の得意技《とくいわざ》。

前に家臣からむやみに頭下げるなって言われたけど、サラリーマン根性《こんじょう》の染《し》み付《つ》いた俺には無理な相談というものだ。

顔を上げてみると、あ、やっぱ驚いてる。

何回も言うと自慢するようで嫌なんだが、普通《ふつう》俺《おれ》くらいの家老になると人に頭を下げないんだって。

家格を落とすこともあるし、権威《けんい》や威厳《いげん》というものは人を纏めるには必要なものだからな。

っていうかまあ俺の周りに、俺に威厳を感じてるやつなんか居やしないし、現代人気分の俺にはそっちのがやりやすいのが事実だったりするしなぁ。

「コレはご丁寧《ていねい》に、私の名前は細川藤孝《ほそかわふじたか》と申します。後ろにいるのが柳生宗厳《やぎゅうむねよし》です」

「…………」

いや、実はお客人が二人いたっていう話をしてなかったと思うけど、二人いたんだよね。

俺も通すまで気づかなかったから説明し忘れてたけどさ。


さて、そろそろ驚こうか。

なんで細川藤孝がここに居るんだよ。

しかも柳生宗厳って剣術《けんじゅつ》でとんでもなく強い人だろ？

全然意味がわからないんだが。

「ふふ、久秀殿は弾正殿から聞けば聞くほど真に迫《せま》った人物像をされているのですな。身内に甘《あま》くおおらかで腰《こし》が低くありながら凄《すさ》まじき武を持つあべこべなお方であると。逆境には強いが予想外の展開には適応できず、危機になれば保守的…かと思えば思いもよらぬ策を敢行《かんこう》し思わぬ行動力を見せる…そう伺《うかが》っております」

「…なんか否定出来ないけど、弾正から言われると反論したくなるのはなぜだろう」

やっぱあの渋《しぶ》い顔なのがイカンのだよな。

それでいてとんでもない問題児だし。

そんなことを考えていると、藤孝殿は背筋を伸《の》ばし、

「不肖《ふしょう》細川藤孝、柳生宗厳、この対武田戦線の時をもって助太刀《すけだち》とともに、その後の平手家の家臣へと忠勤させていただけるようこの浜松城に参りました」

そう言って平伏《へいふく》する二人。

「ちょ、」

さっき言われたように予想外の事態には適応できないみたいだ。

ちなみに俺が落ち着くのには今しばらく時間が必要であった。

「私と弾正殿は茶の湯で知り合った仲でしてな、対武田が不利な状況に陥《おちい》っているというのは聞《き》き及んでおりまして、弾正殿も気にしていたようです。織田家、特に武田を相手にするにはそれを指揮する統率力《とうそつりょく》のある者が必要、そして山県昌景《やまがたまさかげ》に痛い目を見たと文で知った弾正殿は私と柳生宗厳殿をこちらへと寄越《よこ》したのです。柳生殿は『武《ぶ》の一文字《いちもんじ》』に前からご執心《しゅうしん》であったようですしな」

「う、たしかに不覚は取りましたが…」

「それと弾正殿《どの》のお気持ちを考えてあげてください。貴方《あなた》と会ってからの弾正殿はどこか雰囲気《ふんいき》が変わりましてな」

そう言って、側においていた木箱に包まれた袋《ふくろ》の中から茶釜《ちゃがま》を取り出した。

「この茶釜は古天明平蜘蛛《こてんみょうひらぐも》といい、天下の名物として名高い、松永弾正殿が何があっても手放そうとしなかった一品でございます」

「な…なんでそんなものが…」

史実でも信長の再三による譲渡命令《じょうと》に逆らい、決して手放さなかったという茶釜である。

それがどうして今この、近畿《きんき》から遠く離れた地にあるのか。

「私も当初は足利義昭《あしかがよしあき》様お仕えの者であり、松永殿の頼《たの》みであれど、この包囲網を張るは義昭様であり、要請《ようせい》を断るつもりだったのです。しかし、弾正殿は」

『平手久秀殿はワシがこの生涯《しょうがい》で得た唯一の友に等しく！　その価値、今まで所有した何物より、何よりワシより先に失われることは何者にも代えがたい苦痛！　ワシは今まで悪行を重ねすぎ信用など無きに等しく、示せる誠意はコレ以外にはなく、そしてコレ以上の価値を見出《みいだ》した『絆《きずな》』の価値に並ぶことなく！　どうかかの御仁にお力添えを…！』

そう言いながら平伏《へいふく》して平蜘蛛を差し出したらしい。

九十九茄子は大事な『貰い物』ゆえ手放すことが出来なかったのだと。

これだけは死ぬときに火薬を詰《つ》めて抱えて爆死でもしようか、と笑っていたという。

「あの弾正殿を変えたお方がどのような方なのか、道中で色々見聞しながらも聞きまわりましてな。信長公唯一の友であり、弾正殿にあそこまでの覚悟をさせ、武勇は『武の一文字』としてとどろき、そんな主君に仕えること、これは家臣としてはなんとも仕えがいがあるとお会いして改めて感じました」

「……………っ」

俺は藤孝殿の声に何も返せずに、俯《うつむ》くことしか出来なかった。

あのジジイ…いつもいつもおいしいとこ持って行って、最後はこうやって弾正なりの『美』や『華《はな》』だとか言って価値観を押《お》し付けて見惚《みほ》れさせるんだよ。

何が悪徳だ…何が醜悪《しゅうあく》だよ。

俺が会った後のアンタはいつだって自分の価値観を持ったカッコいいジジイじゃねえか。

アンタの死に目ぐらいは見てやるから、これからは好きに生きろってーんだよ、くそぅ
…

3

元亀《げんき》二年（一五七一年）三月
武田信玄《しんげん》、堀江城を全軍三万弱にて出陣《しゅつじん》
向かう先は浜松城方面であるという情報が入り、浜松城軍事評定が開かれる
「ようやく動いてくれたか…」
「そのようです」
「アレ？」
当然慌《あわ》てているものかと思いきや、家康殿《どの》や半兵衛、本多正信殿等《ら》の首脳陣《しゅのうじん》はホッと一息ついた様子である。
武田が大軍勢でこっちにやってくるんだから、もっと慌てふためくものかと思っていたんだがそうでもないらしい。
状況を飲み込めない俺は、それに気づいた細川藤孝にそっと教えられる。
「この武田の進軍は堀江城からの撤退《てったい》です。堀江城で籠城し戦えるだけの戦力や兵站《へいたん》があれば堀江城を空にはせず城主に誰かを残します。今回は回し撃ちや釣り野伏《のぶ》せなどの未知な戦法によって将兵を失っており、更には農繁期《のうはんき》が近づいております。信玄としては苦渋《くじゅう》の決断でしょうが野田城、浜松城で姫街道《ひめかいどう》を封鎖《ふうさ》しておりますからなぁ。これ以上の続行

は信玄の言う五分を以《もっ》て上とする、といった考えからの撤退でしょう」

地図を持って手振《てぶ》りで教えてくれる藤孝。

なんだか凄《すご》い頼《たよ》り甲斐《がい》があって先生みたいだな。

俺より年下みたいだけど（驚愕《きょうがく》の事実だが）。

俺は意外と若く見えるらしいっていうかあんまり見た目変わってないらしく、見えても三十以下らしい。

けど、もうそろそろアラフォーだからなぁ。

なんかこう時の流れの速さを感じるよな。

って、そんなこと言ってる場合じゃないか。

「……そうか、主な道っていえば姫街道しかなくて、信玄は海に面した城を近くに持ってないもんな、戦を続けるにはそりゃ兵站の維持《いじ》がなけりゃ続行は不可能だわな」

「これでもし高天神城《たかてんじんじょう》が落とされていたら、海上での物資のやり取りも出来る以上に、武田が海を支配権に入れます。これはなんとしても避《さ》けねばなりませんでした」

まぁたしかにこの遠江《とおとうみ》の侵攻《しんこう》は武田の支配権に海を確保したいからの侵略戦《しんりゃくせん》だしな。

でもそう考えると武田も不運だよな。

昔は北には上杉、東には北条《ほうじょう》、南には今川《いまがわ》がいて先代の信虎《のぶとら》はさぞ困ったに違《ちが》いない。

山に囲まれてるんじゃ、侵略《しんりゃく》して奪《うば》うか貿易して買うかでどうしても下手に出ざるをえないしなぁ、外交的には。

特に塩なんかは敵に塩を送るってことわざが出来るくらい有名な重要物資だし。

やっと今川が没落《ぼつらく》して、ヒャッハー海だァ〜！　ってなる所を徳川が台頭、更には織田と同盟を結んでまた南に強国とか勘弁《かんべん》してくれよ、みたいな心境かもね、武田的には。

「とにかく今回の遠江侵攻《しんこう》は一時的にですが均衡《きんこう》を保つことができます」

「そりゃ俺らも頑張ったかいがあったなぁ」

俺的には山県昌景を思いっきり殴《なぐ》ってやりたい気持ちでいっぱいだけど。

宗厳や才蔵《さいぞう》から対多数ではなく一対一の術っていうのを学んでいる最中だしな。

っていうか才蔵に前から教えてもらっておけばよかったと後悔《こうかい》してる。

才蔵は主君に槍《やり》を向けられないとかでこれまで一回も戦ったことなかったけど、実際戦ってみると山県昌景より強いんだな、またコレが。

笹《ささ》の才蔵っていう異名は伊達《だて》じゃなかったんだな。

ごめん、今まで脳筋とか言って。

突《つ》き抜けた脳筋は……やっぱり脳筋だなぁ。

やっぱ未来知識でゲームやると武力だけ高い武将って使えないから、少し見くびってた部分があった。

統率《とうそつ》の取れる人材も大切だけど、男としてはこういう人物って凄いと思う。

気づくのに数十年くらいかかったけど。

利家《としいえ》は流石《さすが》にボコボコにしてやりました。

アイツはアイツで歳《とし》を取ってくるたびに世渡《よわた》りがうまくなっていくというか、丸くなって行ってるから藤孝先生に教養を叩《たた》きこんでもらって、内政にも使える秀長タイプにチェンジしてもらおうかね？

そんな将来の展望を考えていると藤孝先生が、

「ですが、今後は戦場を浜松城か高天神城に移します。結局は農繁期のみの小休止であるかと」

「うげ…」

武田の脅威を知る身としては、もう戦いたくない相手だ。

山県昌景だけは別だけど。

アイツだけは絶対フルボッコにするけど！

結局、武田は北に上杉、東に北条がいる限り、そして上洛《じょうらく》するためには徳川がいる遠江を侵攻はするしか無いわけなんだよな。

家康殿も大変だわ、コレは。

4

元亀二年（一五七一年）三月

予想通り浜松城を素通《すどお》りして二俣城《ふたまたじょう》へと帰還していく武田全軍

堀江城の後始末や今後の対応を考えるために、織田家の軍事評定が行われる

「といっても、恒例《こうれい》の会議という名の飲み会なわけだが」

いつものように飲みながら会議をするという意味の分からないノリの無礼講な評定が始まる。

平手家名物であるため最初は藤孝先生や宗厳は戸惑《とまど》っていたようだが、案外ノリのいい人達《たち》らしく直《す》ぐに打ち解けていった。

まあ、あの弾正のジジイと仲がいいっていうくらいだから結構な変わり者なのかもね。

「ようやく安心とは行かないが、一息つける情勢になってきたなぁ」

「夏までは戦《いくさ》がない…と思いたいですが、相手は武田信玄。何を企《たくら》み何を狙《ねら》うかは分かり

ませんゆえ、気を抜くことはできませんが、一応の節目であることはたしかでしょう」

そう締めくくる半兵衛の言葉に、俺達《おれ》平手一同はふぅ、とため息をつく。

もはや平手家は半兵衛が当主といってもいいくらいの権限を持っているので、半兵衛がそう言うならそういうことなんだろう的なノリがあったりする。

ホント頭が上がらないっていうか、秀長と半兵衛の二人はもう別格だよな。

俺は戦専門でハンコポンポン押したり、重要な会議くらいしか参加してないし。

いやその仕事も結構忙《いそが》しいから誤解しないように。

「そういや、武田戦線がどうのって契約《けいやく》で俺達が浜松城に来たわけだけど、武田が二俣城に行った場合どうなるんだ？」

信長にはどうにかなるまで無期限でコイツを貸すから、みたいにレンタルビデオ並みに軽いノリで派遣《はけん》されたから、こうして見ると今後の展開ってどうすればいいんだろうか。

「おそらくは滝川、佐久間殿はわかりませんが平手家は武田戦線に据《す》え置《お》きでしょうね。自分たちを過大評価するわけではありませんが、平手家が抜ければまず間違いなく遠江は武田の手に落ちますゆえ」

「…よかったな、家康殿《どの》呼んでなくて」

利家がぼそっと言う。

俺も同感である。

「回し撃ちは平手家、釣り野伏せは徳川の練度の高い兵と、平手家の種子島無しには成り立ちません。それに平手家は織田家でも最重要の位置にいる家柄《いえがら》。平手家がいることによって徳川を見捨てる意志がないということを徳川にも対外諸国にも示すことができます」

ってことは当面、あの武田信玄とにらめっこかよ。

胃が痛くなることうけあいだなあ。

「滝川殿はわかりませんが、佐久間殿は対武田からは外れるでしょうな。少々酷《こく》ですが対武田となると力不足の感が否《いな》めません。前線ではなく後方の守りになると思います」

「…よかったな、佐久間殿呼んでなくて」

利家がぼそっと言う。

俺も同感である。

「まぁ、そこら辺の折衝《せっしょう》は信長殿が考えて行くでしょう。案外最近の活躍著《かつやくいちじる》しい秀吉殿が来られるかもしれませんな。本願寺や雑賀衆は弾正殿と秀吉殿によって鎮圧《ちんあつ》が順調でして、他の方に回しても何とか弾正殿なら踏《ふ》ん張《ば》ってくれるでしょうしな」

「あの弾正と秀吉にかかれば、よっぽど一向宗《いっこうしゅう》より質の悪い洗脳になるんじゃねえかなぁ」

「ハハハ！　違いないですな！」

秀吉と弾正のタッグて。

敵に回したくないわ。

考えただけでなんか有りもしない策に怯《おび》えそうだ。

「越前の方は柴田《しばた》殿、丹羽殿、明智《あけち》殿でこの秋に決戦まで持ち込めなかったのは痛いですが、冬は雪のため合戦が出来ずその兵力を無駄にする信長殿ではないでしょう。おそらくは包囲網を敷《し》いた義昭殿にその矛先《ほこさき》を変え、春の雪解けまでには義昭殿は追放されるでしょうな」

「全く迷惑《めいわく》なヤツだったなぁ。嫌《いや》なことしか思い出せねえからなぁ」

蹴鞠《けまり》のこととか、信長の愚痴《ぐち》とか、とにかく手間がかかったことしか覚えがない。

藤孝先生と目が合うと何かが通じ合った気がした。

お互《たが》い苦労したよな、みたいな。

「まぁ、そうなると今度は毛利《もうり》家などの中国《ちゅうごく》方面にも目を向けなければならないので、柴田殿か明智殿が西を任されるのでしょうな。となると、丹羽殿、秀吉殿がこちらに…いや、いっそこの際に雑賀衆を一気呵成《いっきかせい》にしてしまうことも…」

なんかブツブツ言い始めた半兵衛。

こうなると結論が出るのは結構長いので、それを合図に勝手にこっちはこっちで飲み始めることにしよう。

平手家の指揮権は実際のところアイツが持ってるし、言ってみれば俺《おれ》は傀儡《かいらい》っすから。

なんでも出来る奴《やつ》が下にいると上って凄い楽だよね。

「しかしこうやって改めて見ると平手家の家臣も結構増えたなあ。最初は秀吉と秀長だけだったもんな」

副官って形から入って、秀長も一緒《いっしょ》に来て、才蔵が同じような時期に来て……。

「桶狭間《おけはざま》で兄者が手柄《てがら》を上げて足軽大将になり、美濃攻略《こうりゃく》で平手殿の副官になってからですので…ざっと家臣としては七年程《ほど》の付き合いになりますかな」

「美濃にはまた稲葉山城《いなばやまじょう》っていう堅《かた》い要所があってなぁ。そこで半兵衛を秀吉が無理やり調略して仲間に引き込んだんだっけか。アイツは昔っから変わらないなぁ、メチャクチャやって結果を引きずり込んでくるっていうか」

「ハハ、確かに兄者はそんな人物ですな」

俺と秀長はこの家臣団の中では一番の長い付き合いになる。

当然信頼《しんらい》もしているし、半兵衛は別格としても平手家の筆頭家臣は秀長であることには変わりない。

そんな付き合いの長い俺達の昔話を興味深げに皆《みな》が聞いていることに気づく。

「ん？　なんだ？」

「いや、そういえば父上の昔話や武勇伝などはあまり聞いたことがないなぁ、と思いまして」

そういう氏郷の言葉に周りが頷《うなず》いてくる。

「武勇伝っていっても俺はあの頃…桶狭間までは『土付かずの旗大将』って言われるくらいの旗持ちの旗大将だったんだぞ、いろんな意味で」

「ハハハハハハ!!　そういやお前そんな呼ばれ方してたもんなぁ！　ハハハアグァァッ!!?」

爆笑《ばくしょう》するのは利家。

確かに今思うと爆笑モノだが他人に言われると腹が立つので、地味に果実を指弾《しだん》で飛ばし黙《だま》らせておく。

そういや生まれのことがあって目立たないように旗持って味方を鼓舞《こぶ》してたんだよなぁ。

今は『武の一文字』なんて言って大層な旗印で、織田家の象徴《しょうちょう》とも言われる天下布武の意味を平手家当主は文字通り武一文字をもってその行動で示している、みたいな歌まで詠《よ》まれてるくらいだし。

実際非常にこき使われてるんだけどな。

「まぁ、そうだな。桶狭間で手柄一位から稲葉山城の一夜落とし、対六角《ろっかく》氏戦はあんまり出番はなかったな。んで氏郷が平手家に来て…っていうかそう考えると俺の武功ってあんまり大したことないな？」

「それがしとしては久秀殿《どの》の六角氏戦の口上、今思い出すだけでも身が震《ふる》える思いですぞ！　あの時の久秀殿の一喝《いっかつ》、是非《ぜひ》氏郷殿にも見せて差し上げたかった！」

そう言って才蔵は立ち上がり、槍の石突《いしづき》を地面に叩きつけるような身振《みぶ》りをして、

「我《わ》が名は平手久秀！　手に持つは我が旗印にして『武』を冠《かん》する愛槍『武一文字』！このまま我らと交戦するなら、この『武』はその名のごとくお前達をなぎ倒《たお》し、我らが身に向かう戈《ほこ》を止めるだろう！　だが交戦しないのであれば、この『武』はその名のごとくお前達への戈を止めるだろう！」

ちょ！　おま！　なんで一文字一句違《たが》わず覚えてるんだよ！

改めて聞かされると自分の負の歴史を、卒業時の作文や文集を読まれる恥《は》ずかしさが湧《わ》いてくるわ！

コレが中二病に苦しむ際の症状《しょうじょう》か！

全身が痒《かゆ》くて、床《ゆか》を転がりたい！

「さぁ、死にたい奴は前に出ろッ!!　死にたくなければここを去がふぐぁぁァァ!!!」

「やめろっつーの!!!」

俺の渾身《こんしん》のコブラツイストで才蔵を黙らせる。

コイツは昔っから、俺への尊敬の念が強いのか知らないが、たまに戦場でこの口上を行ってる所を見るんだよな。

「その口上は戦場でコイツの口からよく聞くが元はお前だったんだなぁ、ハハハ」

さっきの指弾で沈《しず》めたと思っていたら平然と酒を飲み始めている利家。

流石《さすが》に槍《やり》の又左《またざ》ってところなのだろうか。

っていうかコイツそこら中に言いふらしてるのかよ！

今さらの事実に驚《おどろ》きを隠《かく》せんわ！

「才蔵殿の愛槍《あいそう》も『武』の一文字を取って『武太原』でしたっけ」

才蔵は槍を変えるときも絶対にこの名前を継承《けいしょう》して使うんだよな。

戈を止めるという意味を忘れないようにだとか、その意味を『体現』するだとか、太く生き、原……戦場を駆《か》けるようにだとかの意味があるらしい。

「あ～！　この話はやめだ！　他の話題に移ってくれ！」

流石にもう耐《た》え切れないのでそう言うと、皆《みな》苦笑いしながら違う話をそれぞれし始める。

黒歴史は触《ふ》れちゃイカンのだよ。

この際才蔵には少し肉体言語でお話ししておかねばな。

な〜に、槍のない才蔵などただの肉ダルマよ。

まだまだコブラツイストはフィニッシュホールドとして通用するって教えてやんよ！

「ふんぬぅぅぅぅ!!」

「あがががががが………ッ!!!」

「……やはりそうなってくると、摂津《せっつ》や播磨《はりま》などが重要拠点《きよてん》であり、この先、生きのこるには……」

いつものノリで始まって終わっていく定例。

初めは藤孝先生や宗厳も戸惑っていたが、次第《しだい》に慣れて最後の方はノリノリだったような気がする。

流石《さすが》は弾正に縁《えん》がある人材だと変なとこで感心させられるよ、全く。

5

元亀四年（一五七三年）三月
将軍足利義昭を河内国《かわちのくに》に追放

越前の兵を朝倉《あさくら》から引き返させ、返す刀で足利義昭に一太刀《ひとたち》。

権威はあるが兵は持たない義昭様に為《な》す術《すべ》はなく、河内国へと追放されたのである。

将軍家ともなればやはり信長も首を刎《は》ねるなどの直裁的な行動を起こすことは出来ず、その影響《えいきよう》の少ない国へと追放するのが精一杯《せいいっぱい》だったのだろう。

というか、松永弾正の機転がなければ浅井朝倉連合が誕生して、信長包囲網が完成されていたはずであり、かの有名な金ヶ崎《かねがさき》の退《の》き口《くち》が引き起こされていたんだから、追放で済んで御《おん》の字《じ》という感じではないだろうか？

ようやく京での問題を一掃《いっそう》できたかといえばそうではない。

やはり将軍は将軍であり、それを追い出し追放すれば悪評というのはついて回る。

周辺諸国に対してもそうであるが、京の民《たみ》に対してもそうである。

将軍でさえこのような目に遭《あ》うのだから、市井の自分達などどうなってしまうのか？

という疑問が捨て去れないのは当たり前の不安といえるだろう。

そこで信長は明智殿に京の守りを厳重にするため、落ち着くまではある程度の兵力を京へ残し、一応の緩衝材《かんしょうざい》として置いておく。

だが、兵が世紀末的暴走をする恐《おそ》れが有るため、そんなことをした兵は有無《うむ》を言わさず将兵であろうと首切っていいよという許可を出し京を後にした。

まあ、残るのは京に詳《くわ》しい明智殿であるし、大きな人事権も与《あた》えてあるし、真面目《まじめ》だから（空気がよめないとも言う）やってくれるだろうとは思う。

大変だろうけど頑張《がんば》ってほしいね。

手紙送るから（文友である）。

元亀三年（一五七二年）六月
織田信忠元服、茶々と電撃結婚《でんげきけっこん》

いつかは来るんじゃないかと思っていたけど俺の頭からスポーンと抜けていたみたいだ。

最初は信忠の烏帽子《えぼし》親を務めてくれって言うから那古屋城まで行ったんだよね。

信忠くんは見ないうちに利発そうな顔立ちになっていて、織田家特有の美形も持ち合わせているようでちょっと腹が立つけど、それ以上に感慨深《かんがいぶか》いものがあるね。

生まれた時から知ってるし、たまに遊んであげたこともあるし、なついてくれてたもんね。

ちなみに濃姫様《さま》とも仲良くやっているみたいで、母上と濃姫様を呼び、濃姫様も我が子《こ》のように元服を喜んでいるみたいだ。

信長と仲良くやっているせいか、ツヤッツヤした肌《はだ》で前見た時より若返ってるんじゃないかってくらいだったのが印象的だったな。

まぁ、元服の儀《ぎ》自体はつつがなく終わったんだが、信長が、

「よし。じゃあ、そろそろ結納《ゆいのう》の準備に取《と》り掛《か》かれ」

と、周囲に命令を出した途端《とたん》に嫌な予感がして、俺は全力で那古屋城の脱走《だっそう》を図《はか》ったんだが才蔵と利家、数百の親衛隊に囲まれた時点で、この元服自体が仕組まれたものだとようやく気づいたのである。

信長のやつ、昔、俺が茶々の結婚に再三反対し、絶対結婚式には出ないと宣言していたのを覚えていたのか、強硬《きょうこう》手段に出たようだ。

俺は才蔵と利家に宇宙人のように抱《かか》えられて出席させられた。

この時のことは思い出したくない。

その日の夜、信長と濃姫（様付はやめてと言われた）とお市と死ぬほど飲んで記憶《きおく》を失おうとしたが、記憶は飛ばず、胃の内容物が物理的に全部吐《は》き出されたとだけ言っておこう。

元亀三年（一五七二年）　六月
平手氏郷と初が結婚
何時《いつ》の間《ま》にか那古屋城に氏郷も来ていたらしく、一週間もしないうちに結納
明らかに計画的な匂《にお》いがしたが俺に判断する思考能力は残っていなかった

かゆ…うま…

元亀三年（一五七二年）　六月
那古屋城、平手久秀の部屋

「な～江《ごう》？　お前はずっといっしょに居るもんな～？」

「お父様痛いよ～、キャハハ」

もはや俺に残された希望はこの娘だけである。

あれだけ愛情を注ぎ目に入れても痛くない娘たち二人が嫁《よめ》に行ってしまった心の傷は深い。

一週間で二人も娘が嫁にってマジでどうなのよ。

俺は那古屋城にいる限り江を一秒たりとも手放そうとせず、家臣もその気持がわかるのか無理に引《ひ》き離《はな》そうとはしなかった。

だが情勢がそれをよしとはしなかったらしい。

「おい、久次郎《ひさじろう》！　浜松城から急報が入った！　って聞いているのか⁉」

「……ねえ、後ろに氏郷の姿はないよね？　……俺今、アイツの姿の見たら何を仕出かすかわからないからさぁ……」

「馬鹿《ばか》を言っている場合か‼」

「何が馬鹿だこの野郎《やろう》‼　娘二人を急に奪われた俺の気持ちがお前にわかるっていうのか！　ええ⁉」

「だからそういうことを言ってる時じゃないんだというのに‼」

「お前は息子《むすこ》だからいいよな！　俺は娘だよ、可愛《かわい》くてしょうがないの！　天使なの‼　でも、堕天使《だてんし》になっちゃったの‼　俺は今嘆《なげ》きのポエム綴《つづ》りながらBaby Ready for danceなんだよ！　大事なものがなんだかわからない、ジーザスだってわからないんだよ、俺は‼」

「落ち着けというのに‼」

「へぶぅッ⁉」

久々に長谷部国重《はせべくにしげ》クラッシュをくらい、少しばかり現実に戻《もど》る。

だが、もうブルーでしょうがないのである。

俺の意味不明な発言を信長は意に介《かい》さず、口を開く。

「意味のわからないことを…！　いいか、武田が動き出した！　今は農繁期真《のうはんきま》っ直中《ただなか》だと安心しきっていた！　どういうカラクリなのかは分からないが浜松城に織田が居ないことを察知したのか、二俣城ではなく掛川城《かけがわじょう》に総勢三万以上、三方ヶ原《みかたがはら》の戦い並みの戦力で高天神城へと押し寄《よ》せている！」

「はぁ⁉　馬鹿な!!!」

一瞬《いっしゅん》で現実に引き戻される、俺。

確かに高天神城は攻《せ》められる要所だと思って軍備は整えているが、まだこの季節ということもあり、決して充実《じゅうじつ》しているとはいえない。

「徳川方の対処は⁉　武田の急な動きのために秀長と半兵衛を残しているんだ、何の対処もしているとは思えない！　少なくとも俺には連絡《れんらく》が届いていない！」

何かがあればすぐにでも高天神城に出向けるように軍備を整えている。

今回の那古屋城滞在《たいざい》は武田に漏《も》れないように極秘《ごくひ》にしている上に、この季節だ。

動くはずがないと秀長、半兵衛も思っていたようだ。

動いても万を超《こ》える兵は動員できないはずだと語っていた。

それが三万って。

「武田はこの冬に諏訪原城《すわはら》という高天神城攻略《こうりやく》を目的とした城を築いていたらしい。よほど極秘に築いていたのか、二俣城と掛川城の交流の陰《かげ》に隠れて本命を浜松城に絞《しぼ》ったと見せかけて、掛川城側に人員を流し、一月もかからず築城したらしい」

築城を阻止《そし》することは確かに情報がなければ出来ないだろうが、その情報すら流れてこないなんて…。

「…忍《しの》びか?」

「確かに否定出来ないだろうが、そもそも伝達には兵農分離《ぶんり》といえど身分不確かものは使っておらん。絶対とはいわんが…」

まあ確かに秀長や半兵衛が重要書類を身分不確かな者に渡《わた》すわけはない。

情報伝達を絶たれるなんて根本で処理しなければ………?

あれ…何だったたっけ…?

武田信玄…忍び…城内、邸宅《ていたく》を自由に動ける者…

聞いたことがある…殺しに来た忍びが逆に惚《ほ》れたのは……ああ、あれは石田《いしだ》三成《みつなり》だっけ。

いや、いやいやいや、まてまて。

そうだ、思い出《だ》した。

女、女中、くの一……武田信玄のくの一といえば……

――――望月千代女《もちづきちよめ》か！

「ああ、いつも俺はなんで中途半端《ちゅうとはんぱ》に思い出すかなあッ！」

「どうした？」

「くノ一、女の忍びだよ！　女中に化けて浜松城の情報を入手。さらには情報閉鎖《へいさ》。だから秀長、半兵衛からの情報が入って来なかったし入らなかったんだ！　女中なら屋敷内《やしきない》にいても不思議じゃないし、文が出されたことの報告、察知、自らの処理、浜松城と那古屋城の距離《きょり》を考えれば途中《とちゅう》で処理される可能性だって否定出来ない。直接あいつらに接触《せっしょく》できなくても文を受け取る文官には接触できる」

例えば美人局《つつもたせ》（ちょっと違うが）とか色仕掛《いろじか》けとか、ウチの文官は結構餓《う》えてる奴多そうだからなあ。

男の性《さが》を利用した上手《うま》い作戦だとは思うが、武田信玄も柔軟《じゅうなん》というか。

いや、案外他《ほか》の将の進言かもしれんがなぁ。

「マズイな、あらゆる点で後手後手に回ってる。高天神城は織田兵が入城していない。つまりは回し撃ちが出来ない」

回し撃ちは平手家の所有する種子島があってこその戦法であり、それを実行できない徳川兵が守る高天神城は普通《ふつう》の籠城《ろうじょう》をするしか無い。

さらに言えば浜松城から高天神城への交通整備はできておらず、大量の兵站、物資、援《えん》軍《ぐん》を送るにも苦労する。

逆に相手は諏訪原城を拠点とした兵站の維持が可能だ。

考えたくないけどこれは……

「………高天神城は落ちるな」

信長は瞳《ひとみ》を閉じ、ただの事実としての言葉をその舌にのせた。

第三章　《侵略すること火のごとく》

1

元亀三年（一五七二年）　七月
浜松城《はままつじょう》へ平手《ひらて》久秀《ひさひで》が戻る
織田《おだ》信長《のぶなが》は前回の教訓を生かし、堀江城《ほりえじょう》に詰め寄せ前回のような侵攻を防ぐように兵を動かす
増援《ぞうえん》を送ろうにも二俣城《ふたまたじょう》、掛川城《かけがわじょう》からの睨《にら》みに兵を動かすことが出来ず

『両軍戦況《せんきょう》』
二俣城六千　城主、秋山信友《あきやまのぶとも》　掛川城六千　城主、山県昌景《やまがたまさかげ》
高天神城《たかてんじんじょう》　攻城《こうじょう》側一万八千　総大将　武田《たけだ》信玄《しんげん》
高天神城　籠城側三千　城主、小笠原信興《おがさわらのぶおき》

元亀三年（一五七二年）　七月
遂《つい》に高天神城陥落《かんらく》
浜松城は遠江《とうとうみ》にて武田から孤立《こりつ》
そして浜松城にて対武田戦線緊急《きんきゅう》軍評定が行われる

「高天神城は遠江の要所であると同時に、海に近い城。だが、武田は海運業の基盤《きばん》を持ちあわせてはおらず、すぐに海を活用できるとは限りません」

浜松城に両家の主要メンバーが勢ぞろいしている中、半兵衛《はんべえ》がその口火を切る。

確かにこれで武田が海を手に入れたのは間違《まちが》いないが、西に徳川《とくがわ》、織田、東に北条《ほうじょう》、北に上杉《うえすぎ》といる中で大きく広がった領地経営を出来るかといえば疑問である。

流石に武田が海を手に入れれば北条とて同盟を組んで足並みを揃《そろ》えている場合ではないだろうし、元から仲の悪い上杉は、雪解けが始まれば北から攻め寄せるはずだ。

だからこその短期決戦で高天神城を落としておきたかったはずなのだ。

農繁期にもかかわらず全兵を動員したのは信玄らしからぬ決断だったとは思うが、これでこのまま浜松城、堀江城を専守防衛すれば農繁期を逃《のが》した痛手は確実に武田を襲《おそ》う。

「勝負はこの夏。秋が来ても武田は兵糧《ひょうろう》を得る術がない。物資や兵站に大幅《おおはば》な負担がかかります。粘《ねば》りきり、守りきれば武田の補給線は途《と》切《ぎ》れ戦況は一変。今度はこちらからの逆《ぎゃく》襲《しゅう》も出来ましょうし、上杉や北条も黙ってはいないでしょう」

そう締《し》めくくると、半兵衛は口を閉じた。

俺はそれを見計らって口を開く。

「だがそんなこと武田も判《わか》っているはずじゃないのか？　確かに高天神城は落とした。海を手に入れたと思ってもいいかもしれないが、それで兵站がまかなえるとはさすがに思っては居ないだろ？

確かに海運が上手くいって魚がとれたとしても、兵が足りなくなるし、半兵衛が言ったようにそもそも基盤が存在しないのならどうしようもないと思うんだが。

どうにもこの農繁期を捨ててまで高天神城にこだわった理由がわからない。

「誰《だれ》がどう考えたってこの信玄の動きはおかしいって思っている。武田には優秀《ゆうしゅう》な将があれだけいて大人しくこんなことを許すほど信玄は信任を得ているのか？　普通は止めるはずだろ？」

「……確かに」

「敵は俺達だけじゃないんだぞ？　北に上杉、東に北条がいる。そんな中、海だけのために農繁期《のうはんき》を捨てて攻める必要がどこにあるんだ？」

「………」

俺の問いに答えがなかったのか黙る一同。

何かがある。

くノ一まで使ってこちらの動きを見て、行動を起こした結果が自国のジリ貧を誘発《ゆうはつ》するなんてことをあの武田信玄がやるのだろうか？

そのまま数分程時間が経《た》ち誰もが言葉を発せないままであったが、その沈黙《ちんもく》を破ったのは一人の伝令兵であった。

「大至急、大至急ご連絡！」

「まて！　今は評定中だ！　後に――」

「今はそんなことを言っている場合ではございませぬ！」

その声が家康《いえやす》殿にも聞こえたのか、周り、俺にも目配せして通すことに同意する。

通された伝令兵は脇目《わきめ》もふらず家康殿の前に平伏《へいふく》する。

「その方、今がどのような時かわかっていような」

「ハッ！　しかしこれは織田信長様から徳川、織田在住家の方々への速馬の報告です！」

「何⁉」

一斉《いっせい》に騒《さわ》がしくなる評定内。

信長が何を速達で伝えるっていうんだ？

一同が固唾《かたず》を呑《の》む中、伝令はその口を開いた。

「武田、上杉、北条が元将軍義昭《よしあき》様の名において対織田戦線、そして対徳川戦線に限り互いの領地に対する不可侵《ふかしん》条約を結びました！　更《さら》には上杉領越後《えちご》には元将軍である義昭様が逗留《とうりゅう》している様子！　そして北条はその豊富な物資と兵糧をもって対織田、対徳川に限り兵站《へいたん》を担《にな》うとのこと！」

「な…なんだと…⁉」

「マジかよ……っ」

「じゃ、じゃあ……ここまで強行軍を繰《く》り返《かえ》した背景には…！」

「東の強三国が対織田、徳川に限って同盟するっていうのかよ！　だからここまで無茶《むちゃ》な進軍をしたのも、上杉には警戒《けいかい》がいらず、農繁期《のうはんき》を逃しても北条による兵站の維持《いじ》は約束されているからか‼」

――――甲相駿《こうそうすん》三国同盟ならぬ、甲相越《こうそうえつ》三国同盟かよ！

武田と上杉が同盟という言葉はふさわしくないかもしれないが、北条と武田は同盟関係である。

要は織田、徳川と戦っている間は、上杉は武田に手を出さないということだ。

おそらく元将軍である義昭の要請《ようせい》は同盟であったのだろうが、流石にそこまでは妥協《だきょう》は出来なかったのだろう。

それでも武田にしてみれば上杉の脅威《きょうい》が無くなるだけで対織田、徳川に兵を集中できる。

謙信《けんしん》は義理堅《ぎりがた》いゆえに約束は破らないだろう。

普段《ふだん》の信玄ならこんな上杉の助力を借りるような真似《まね》はお断りなのだろうが、今回は話が別のようだ。

――どうやら徳川と織田は、武田の誇《ほこ》りに傷をつけるどころか逆鱗《げきりん》に触れてしまったらしい。

2

元亀《げんき》三年（一五七二年）七月
浜松城にて、平手家緊急軍事評定

風林火山

さすがに今回は酒を飲みながらなんていう呑気《のんき》な評定にはなりそうにない。

何故《なぜ》なら半兵衛と秀長《ひでなが》が顔を真っ青にして、評定が始まると同時に俺に平伏《へいふく》してきたからだ。

「申し訳ございません。全《すべ》ては私の責任でございます」

シンプルに筆頭家老である秀長は何の言い訳もなしに謝罪する。

相手は武田信玄。

用心に用心を重ねていたことは今までの仕事ぶりで判っているのだが、どうやら高天神城を奪《うば》われた責任は全て自分に帰属すると思っているらしい。

「軍師という役目を頂きながらこの体《てい》たらく。如何様《いかよう》な罰《ばつ》も覚悟《かくご》しております」

半兵衛は半兵衛で軍務を預かる身でありながら、主不在とはいえ、ここまで戦況を悪くしてしまった責任を感じているようだ。

たしかに今まで失敗らしい失敗をしてこなくて及第点《きゅうだいてん》どころか花丸をあげたくなる活躍《かつやく》をしてくれた彼《かれ》らだからこそ、今回の遅《おく》れは自身が許せないのだろう。

誇り高《たか》いのはわかるがね。

「顔を上げてくれ。今回の甲相越三国同盟に関しては誰も予想できなかったたし、俺は那古屋城にいて、半兵衛達《たち》の文書も途中で奪われているわ、女中に扮《ふん》したくノ一がいるなんて突飛《とっぴ》な考えは普通出てこないって。情報の価値を知り徹底《てってい》して工作し綻《ほころ》びを出さず貫徹《かんてつ》した武田を褒《ほ》めるべきだ」

「し、しかし……！」

「俺はこの件に関してお前達に何の責任もないと思ってる。というよりも、だ。ここだけの話、徳川殿《どの》こそ気付かなければいけなかったのではないかと抗議《こうぎ》すべきか迷っているところだ」

だって浜松城の女中って家康殿が選んだ女中なわけだし。

その言葉に意表を突《つ》かれたのか二人は俺を見上げるが、嘘《うそ》だけどな、と付け足すとその顔が苦笑いに変わっていく。

だんだん調子が出てきたみたいで結構なことだ。

「武田と北条はわかるけど上杉まで加わるとは予想外にも程があるだろ。事前に言われたところで鼻で笑って、はいオシマイだ。だからいい加減現状を正しく認識《にんしき》して、この先の展望を見据《みす》えた話し合いにしようぜ」

「久秀殿……」

「……はい……」

まだちょっと割り切れていないようだが、現実を見つめて、策を考えることが出来るならよしとしよう。

っていうかここから巻き返す策があるかどうかっていうのが一番のポイントなんだが。

「とりあえず誰か何か案があるか?」

俺の言葉に手を挙げる者は一人も居ない。

とりあえず俺の家臣団全員が参加しているので脳筋組もいる。

俺としては京で茶会などで社交性抜群《ばつぐん》、政略外交大好きな藤孝《ふじたか》先生なんかが頼《たの》みの綱《つな》じゃないかと睨んでいたんだが。

「確かに茶の湯は社交界のようなものではありますし、政略、外交も得意といえば得意ですが、この時に政略、外交は必要なのでしょうか?」

話を振《ふ》った藤孝先生がそう答える。

あのジジイと仲がいいならとんでもない悪知恵《わるぢえ》とか持ってそうだから頼《たよ》りにしたんだけどなぁ。

「私は弾正殿《だんじょうどの》のような悪知恵は持ちあわせてはおりませんよ」

焦《あせ》ったように訂正《ていせい》する藤孝先生。

そうだよなぁ、みるからに人がよさそうだし。

っていうか俺の家臣って皆人がいいからなぁ。

悪知恵働かせて、屁理屈《へりくつ》も理屈《りくつ》のウチみたいにゴネまくって要求押《お》し通《とお》すような詐欺師《さぎし》紛《まが》いの知恵《ちえ》を持つ人物。

こういう窮地《きゅうち》にこそ光る行動力の人物。

二人ほど心当たりがあるけどどっちも無理そうだしなぁ。

とりあえず知恵だけでも貸して欲《ほ》しい的な文章でも送ってみようかね。

そんなことを考えていると、

「そういえば…」

氏郷《うじさと》が口を開く

「越前《えちぜん》はまだ朝倉《あさくら》健在ですよね？　かつて義昭様を追い出した朝倉に義昭様がいい感情を持っているはずが無いですし、朝倉はこの同盟には加われず、必然越前からの侵攻《しんこう》は無いと思っていいのではないでしょうか？」

「そういえば、そんな経緯《けいい》があったな」

明智光秀《あけちみつひで》に連れられた義昭は前は朝倉領にいて、上洛《じょうらく》しろと言っても一向に上洛しなかったから見限ったのだとか。

「上杉は別に織田に対して武力行使するつもりじゃないんだろ？　そうだとしても朝倉がいる限り、朝倉を攻め滅《ほろ》ぼさないと織田には軍を派遣《はけん》できない。武田の領地を上杉の兵が通れるとは思わないしな」

武田の領を悠々《ゆうゆう》と通る上杉軍とか不気味すぎるだろ。

でも実現すれば凄《すご》いことになるんだろうけどね。

「上杉が朝倉を攻め滅ぼすなら話は別になってくるが、かの謙信が将軍の言葉で命令されたとて、そのような義のない戦はしないでしょう」

義がないっていうのは全体的に見て義昭は義の為《ため》に動いてる人物とはいえないからな。

ただ信長が大きくなりすぎることに危惧《きぐ》は覚えているんだろうが。

「今わかってるのは、上杉による織田侵攻はなく、兵農分離を行っていないにもかかわらず遠征《えんせい》が出来、兵站は北条からの提供で後顧《こうこ》の憂《うれ》いはない」

でも、と一言おいて、

「逆に言えば、武田信玄と織田、徳川っていう図式は変わらない。北条が兵を出すわけじゃないし、上杉が越前を攻めるわけじゃない。良かったな、越前攻略《こうりゃく》しきれなくて」

俺が肩《かた》をすくめて言うと、

「……柴田《しばた》殿《どの》や丹羽《にわ》殿に殴《なぐ》られますよ？」

氏郷のツッコミに、

「殴られたら、お前がチクったとみなし三倍返しな」

「理不尽《りふじん》すぎる⁉」

うるせぇ、俺《おれ》は理不尽に娘二人も奪われてるんだよ。

結局結論が出ないままに、評定は終わりを告げたのであった。

3

元亀三年（一五七二年）　八月二十五日
武田信玄を総大将とし、二俣城、唐川城《からかわじょう》から計一万二千と本隊一万八千、合計三万合流
織田、徳川連合は計一万二千　種子島《たねがしま》千丁
浜松城に第一次総攻撃《そうこうげき》を仕掛《しか》けられる
コレを何とか凌《しの》ぐ

元亀三年（一五七二年）　八月二十七日
武田信玄を総大将とし、二万九千の兵により攻城戦《こうじょうせん》
織田、徳川連合は計一万千七百　種子島千丁
浜松城へ第二次総攻撃を仕掛けられる

コレを何とか凌ぐ

元亀三年（一五七二年）　八月二十七日　夜
籠城《ろうじょう》戦が終わったところで浜松城軍事評定

「一体何を考えておるのだ？　信玄は……」

顎《あご》に手を当て思案顔を見せるのは徳川家康である。

たしかにそう言いたくなる気持ちはわかる。

この籠城《ろうじょう》戦で相手は死傷者千五百は兵を失っているだろう。

こちらは相手の弓による軽症《けいしょう》などの離脱《りだつ》も多く、実際の死傷者は百も行かないという報告が入っている。

「種子島の弾切《たまぎ》れを狙《ねら》っている？」

「いや、織田は京、尾張《おわり》と貿易による火薬や弾《たま》に仕入れには苦労はしておりません。少なくともこのままいくら戦ったところで、武田が一兵もいなくなるまで種子島は打ち続けることが出来るほどの貯蓄《ちょちく》はございます」

半兵衛がそう答えるとますます混乱する一同。

「全くわからんな。信玄ともあろうものが簡単に兵を失う兵法《ひょうほう》を取るわけがない」

「ならば仕掛けてみますか？」

そう答えるのは本多忠勝《ほんだただかつ》。

「穴山を陥《おとしい》れた策、釣《つ》り野伏《のぶ》せと申しましたか。こちらは連勝によって浮《う》かれていると思うでしょう。こちらが油断して野戦をしかけると見せかけ罠《わな》をはる」

本多忠勝殿が語るのは前回の種子島を使った釣り野伏せのことだろう。

確かに未《いま》だ信玄軍の使う馬は種子島の轟音《ごうおん》に慣れぬ様子ではある。

上手くいけば前回のように大将首を上げることは可能だろうが。

「それじゃ浜松城の守りに種子島が足らなくなるぞ？　アレはあくまで野戦で活用してこその戦法だし、大量の種子島を外に出してる間に浜松城を落とされたら本末転倒《ほんまつてんとう》じゃないか？」

たしかに有効な作戦だと思う。武田信玄一万八千、山県昌景《やまがたまさかげ》六千、秋山信友《あきやまのぶとも》六千の三軍に別れ、二俣城、掛川城《かけがわじょう》、高天神城《たかてんじんじょう》に三方面攻撃《こうげき》での攻城戦だから、二俣城、掛川城の六千の部隊を釣り野伏せで釣ることができたら多大な戦果を挙げることが出来るだろう。

「野田城《のだじょう》の信長様の兵を使うおつもりですか？」

俺がそう考えてる途中鋭く声を発するのは半兵衛。

「そうは言っておらん。信長殿《どの》は野田城にも五百丁程《ほど》の種子島と八千の兵がいるという。その兵を浜松城へ向かわせる代わりに、私本多隊が野田城へ向かいます。織田家の種子島は未だ予備を保有しているとお聞きします。その保有している予備に守備を任せ、浜松城はいつもどおり籠城してくださる間に策を実行します」

「ちょ、ちょっと待ってくれ！　信長の出陣《しゅつじん》で野戦は絶対認められねえ！　たしかに囮役《おとり》は本多殿の隊だとしても共に俺は出陣確実として秀長か半兵衛のどちらかを残して、才蔵《さいぞう》、利家《としいえ》で中央を塞《ふさ》ぎ、野田城にいる佐久間殿《さくまどの》、滝川殿《たきがわどの》で左翼《さよく》を組ませる。野田から四千を引き抜《ぬ》く。それを俺達《おれたち》で率いて釣り野伏せする」

俺のその言葉に忠勝殿は少し思案したが、

「わかりました。前回と同じような編成になるわけですね。では地理をよく調べ最適な場所を洗い出しましょう」

そう言って背を向けてその場を去っていく。

そしてその言葉を皮切りに評定も終了《しゅうりょう》したのである。

評定の部屋を出た俺は秀長ににこやかに立ちふさがれ、そして俺の背中に刺《さ》さる視線。

「生半可に約束をしましたな」

無表情で迫《せま》ってくる半兵衛。

メッチャ怖！

「実際決行日はそう遠く有りませぬぞ？　信長殿と連携《れんけい》は取れるのですか？」

一番の危惧だろう所を聞いてくる秀長。

「信長との連携は無理だが、佐久間殿、滝川殿が野田城にいるのは都合がいい。一度出来たことが二度出来ないことはないだろ？」

「……確かに理屈ではそうですが」

「とにかく信長は野田城に待機してもらって、兵站に従事してもらおう。絶対に戦場には出すなと釘《くぎ》を刺《さ》して置かなければな。武田はたしかに強いが、馬は限られているし、兵は農民で半農半士だ。兵の喪失《そうしつ》がそのまま国力影響する。が、織田はそうじゃない。言い方は悪いが、資金力があれば兵も物資もいくらでも補充《ほじゅう》できる。そしてその資金はいくらでも織田は尾張、京《きょう》、美濃《みの》から捻出《ねんしゅつ》できる。たとえ五分五分、いや四分六分の戦いでも、結局物量に勝《まさ》る俺達が勝つ。いくら北条でも兵は出せないだろうしな。米の国作戦だ」

「米の国？」

今から遠い未来だけど第二次世界大戦で日本が敗戦した理由はいくつかあると思うが、その敗因で最も大きなものは何かといえば『物量』『資源』、これにかぎる。

島国であるために圧倒的《あっとうてき》に両者が足りなかった日本は、輸入に頼っていたが、輸入が禁止されてできなくなれば、戦う武器すらなくなり戦えなくなるのは道理だ。

この時代の東の国はまだ未開といってもいい土地だ。

種子島も流通しておらず、弓、槍《やり》や刀での戦いが主になる。

だが俺達織田は違《ちが》う。

素人《しろうと》でも十分な殺傷能力を持つ種子島は練度はなくとも使える。

その二点のメリットで強国武田と渡り合《あ》えるはず。

いや、これが上杉、北条まで加わって領地画面していたら三方面作戦で死亡遊戯《ゆうぎ》だったけど、マジで運が良かったとしかいえないけど。

「とにかくマムシの道三《どうさん》の見解は正しかったということだ。結局今の状況《じょうきょう》は美濃あってこそ。確固たる補給を背景に戦う織田と目に見えて物量が減っていく武田。兵の質も将の質も圧倒的に武田に分があるだろうが、大将の器だけは負けてねえ。武田信玄は織田信長には勝てないね。見ているモノの大きさと視野の広さ、先進性が違うんだっつーの！」

――この時の俺は勝利を疑ってなど欠片《かけら》も居なかったのだ。

『Another Eyes』

『ふん……まさかお前がな』

『ほっほっほ、時は金なり。まあ元よりこうするつもりでありましたからなぁ、少々方々に無理を押し付《つ》けてしまいましたが…緊急を擁《よう》するゆえご寛恕《かんじょ》くだされ』

『一歩間違えれば謀反《むほん》ととられる所を隠居《いんきょ》して権力を放棄《ほうき》。確かに大至急といったがここまで速くとは言ってないのだがな』

『まあ速いに越《こ》したことはありますまい。まあワシにとってはついでというヤツですかなぁ』

『どちらがだ？』

『もちろん隠居にございます』

『………いずれ茶会には呼べ。天下の名器とは言わずとも『珠光文琳《じゅこうぶんりん》』『松島《まつしま》』『青磁松《せいじまつ》本《もと》』位は用意してやる』

『ほっほっほ！　それは楽しみですな！』

『…………アイツの力になってやってくれ…』

『それこそが我《わ》が『美』の集大成に華《はな》を添《そ》えますれば』

4

元亀三年（一五七二年）九月二日
釣り野伏せに関する打ち合わせが終わり、野田城からは滝川二千、佐久間二千配置
浜松城からは俺、氏郷、秀長、才蔵、利家　麾下《きか》三千
徳川からは本多忠勝二千、榊原康政《さかきばらやすまさ》二千
後は仕掛けを待つのみである

浜松城の、久秀の陣《じん》にて。


「そういえば本格的な合戦ってのは初めてだっけか？」

「……はい」

俺の跡継《あとつ》ぎとなり正式に平手の婿養子《むこようし》になった平手氏郷。

今回の戦《いくさ》は俺の副官を務めてもらうことになっている。

まあ、前々から人の上に立つような人物にしてね、と半兵衛や秀長に教育してもらっていたから、頭でっかちな戦場で役に立たない筆頭な人物にはなっていないとは思うけど。

っていうか元が蒲生《がもう》氏郷なんだから半兵衛や秀長の薫陶《くんとう》を受けている補正もかかって、コー×ー的にはワンチャンオール90すら付く可能性すらありそうだ。

内政は割と俺も仕事を振ったりしてるし、簡単な書類仕事なら完璧《かんぺき》にこなせるだけの能力は既《すで》に持ち合わせている。

とはいえ、さすがに初めての合戦ということになれば緊張《きんちょう》は免《まぬが》れない。

初めての合戦というより野戦かな。

籠城戦なら兵站などで活躍してもらってることもあるからな。

今回はあの武田を罠にはめるのが前提とはいえ、直接矛《ほこ》を交えるんだからな。

「いいか、まずは生きることだけを考えろ。余裕《よゆう》があれば味方を助けろ。絶対に先走り武功を狙うなよ」

「わかっております」

半兵衛や秀長に口を酸《す》っぱく言われているだろう言葉。

『現当主の真似だけはなさらぬよう。アレは愚《おろ》か者《もの》の所業です』

俺の前でも遠慮《えんりょ》なしに言うんだぜ？

家臣としてどうかと思うが、俺自身どうかと思っているのでどうしようもない。

「久秀様、氏郷様。そろそろ出陣の時刻にございます」

と、そんなことを話していると、声が掛《か》かる。

俺は大きく息を吸いゆっくりと吐《は》き出す。

いわゆる深呼吸なんだが、その動作を無意識なのか、氏郷も真似している。

ハハ、こういう親の後をヒョコヒョコ付いてくるカルガモみたいなところが案外可愛《かわい》いんだよな。

ポン、と氏郷の頭をなでると、控《ひか》える兵に出撃《しゅつげき》の合図を送った。

「いいか！　相手が武田だろうが、結局はただの人だ！　人が人に勝てぬ道理がない！

いつものように俺のこの旗に付いてくれれば負けるわけがねぇ!!」

武一文字《ぶいちもんじ》を馬上に掲《かか》げ、兵を鼓舞《こぶ》する。

何度も何度も言い聞かせた『武の一文字』。

今回もその精鋭達《せいえいたち》が俺のもとに集まっている。

負けるわけがない！

『武田eyes』

浜松攻城戦《はままつこうじょうせん》武田本陣《ほんじん》にて

「伝令！　浜松城から『武の一文字』が出陣。それに続き本多隊、榊原隊も連帯を組み二俣城方面軍に突撃《とつげき》を開始したようです！」

「……遂に動いたか。籠城でしのぎ切ろうすればいいものを欲を出した将がいたか」

嗄《か》れた声でそう言って、軍配を弄《もてあそ》ぶようにしながら報告を受け、受け終わった後、机上《きじょう》にある地図へと向かう、孫がいても可笑《おか》しくない程に年をとった男性。

「立ち上がっても大丈夫《だいじょうぶ》か、幸隆《ゆきたか》？　病身を押して従軍を頼んだワシの言えることではないがな」

苦味を含《ふく》む口調で語るのは武田信玄。

言わずもがな武田の頭領、総大将である。

その言葉に、大丈夫《だいじょうぶ》です、と一言述べると、

「二俣城方面に向かったということは、狙いは秋山信友か」

幸隆と呼ばれた老将はギラギラとした獲物《えもの》を見つめる瞳《ひとみ》で口角を上げる。

その瞳は深く、すべてを見通すような色を浮かべながらも獰猛《どうもう》さを持つまさに虎《とら》と呼ぶに相応《ふさわ》しい瞳であった。

「秋山隊はそのまま交戦、山県隊は現状維持で攻城。浜松城の種子島とやらの残存数も知りたい。浜松城にどれだけ残っているかを最重要視して、ここからは被害《ひがい》を最小限に探《さぐ》れ。後ここに高坂《こうさか》を呼べぃ」

「ハッ！」

素早《すばや》い対応で伝令に走る兵。

そして数分もしないウチに高坂昌信《まさのぶ》が姿を現し、信玄と幸隆、と呼ばれた老人の前で片《かた》膝《ひざ》をつく。

「お呼びでしょうか」

「うむ」

そう言って手招きをして、地図を震《ふる》える手で指し示す。

「ここじゃ」

指し示されたのは堀江城と浜松城の間にある、平地ともいえ、藪《やぶ》も多く群上する更地《さらち》である。

だが確かに幸隆はそこを示し、

「穴山殿を葬《ほうむ》ったであろう土地を洗わせ、あらゆる点から鑑《かんが》み全てを組み合わせれば状況は自《おの》ずと見えてくる。おそらく使われた戦法は『十面埋伏《じゅうめんまいふく》の計《けい》』の応用じゃろう」

「…かの大陸の計のことか？」

信玄が口を挟《はさ》むと、一つうなずき更に口を開く幸隆。

「左様です。そして近隣《きんりん》住人からは轟音が絶え間なく聞こえ、戦場には種子島の弾が数多く残されておった。十面埋伏自体は余程《よほど》上手《うま》く使わねば今の戦場には適応できませんが、それを可能とするのが…」

そう言って、懐《ふところ》から一つの種子島の弾を取り出《だ》す。

「種子島です」

「しかし幸隆、アレは離《はな》れた的にすら満足に当てることが出来ぬ玩具《おもちゃ》と聞くが？」

「その玩具を大量に用いて、隙間《すきま》なく弾で埋《う》め尽《つ》くした結果が穴山梅雪《ばいせつ》の野戦での大敗北だとお忘れですか？」

「……密集した軍団に撃《う》てば、狙いは不要というわけか」

幸隆に言われた言葉に反論はなかったのか、それ以上は信玄が語ることはなかった。

「おそらく平手、本多、榊原にて秋山隊を引き込み、この場所まで誘導《ゆうどう》し、種子島を持つ伏兵《ふくへい》による奇襲《きしゅう》。そしてその後は三隊も反転し追撃《ついげき》にかかる手筈《てはず》のはず」

「戦いながら後退し、誘導…そんなことが…」

「出来たからこそその先の敗戦じゃ」

高坂の疑問に断言する。

高坂の言う通り難しい作戦である。

おそらく失敗する確率の方が高いのではないかというほどに。

「して幸隆よ、お前のことだ。今までのらしからぬ攻城戦、そしてこの十面埋伏とやらを打ち破る策、お前の頭の中に入って居《お》るのだろう？」

その温情を受けた幸隆は不敵に笑う。

「先に伏兵を片付けようにも察知されれば直《す》ぐに撤退《てったい》され、機を改めるだけでしょう。だからと言って馬鹿正直《ばかしょうじき》に罠を食い破ろうとすればおそらく穴山殿の二《に》の舞《まい》、ならば」

そう言って、軍配を更に後方へ、そして軍配を高坂本人へ突きつけ、

「高坂殿、おぬしの隊こそが騎馬隊《きばたい》が鍵《かぎ》となる」

――真田《さなだ》幸隆。

軍配越しに獰猛に笑うのは、信玄に二十年以上に渡《わた》り仕え、外様《とざま》の家臣ながら譜代《ふだい》家臣並みの待遇《たいぐう》を受けるほどの信任を得、真田家の基盤を作り、数々の武功を立てた稀代《きたい》の軍

師。
攻《せ》め弾正《だんじょう》と呼ばれ恐《おそ》れられ、後の昌幸《まさゆき》、信之《のぶゆき》・幸村《ゆきむら》の真田三代の始祖とされる人物である。

5

元亀三年（一五七二年）　九月二日
秋山隊が予想通り釣り野伏せにかかり、突出気味《とっしゅつぎみ》になり始める
伏兵位置まではまだあるが、この調子でいけば罠にかけることはむずかしくない
「ハァッ!!!」
二騎《き》の兵が壁《かべ》を抜けたのかこちらに向かってくるが、その内の一騎は冷静に武一文字で馬ごと吹《ふ》っ飛《と》ばしておく。
突出し過ぎた騎馬隊は平手家が請《う》け合い、あくまで硬直《こうちょく》状態での後退を心がけなければならない。
馬ごと十mは飛んだかなと呑気に眺《なが》めていると、もう一騎は氏郷の方へ向かっていった。

その氏郷は騎乗《きじょう》で巧みな槍さばきを見せ、相手をいなし、敵をまったく寄せ付けずに心臓を一刺《ひとさ》し。

我が息子《むすこ》はなかなかやるようである。

まぁ氏郷は才蔵、利家にも教えを乞《こ》うているみたいだからコレぐらいは当たり前なんだろうが。

お互《たが》いに一息ついたところで声をかける。

「上手《うま》く後続と引《ひ》き離せたな」

「はい、こうして押し込まれている側の私ですら、誘導の意図を感じさせない程自然な後退。流石《さすが》は本多殿、榊原殿です」

「だな。三河《みかわ》武士は本当に頼りになる。…本来なら利家もこの役目を引き受けてくれなきゃ困るんだがな。如何《いかん》せん二人の邪魔《じゃま》にしかならないだろうし」

「父上…それは…」

そう言いながらも巧みに兵を誘導し続ける。

罠が張っている地点はもうすぐである。

後は鏑矢《かぶらや》が鳴《な》り響《ひび》くのを待つのみ。

誰《だれ》もがそう思う展開だった。

そして、思った通りの位置に秋山隊がさしかかり、鏑矢の合図が鳴り響くやいなや、

――――――オオオオオオオオォォォォォォォォォォ…………!!!


凄《すさ》まじい勢いで後方から騎馬隊の一軍が迫ってくる。

それは類を見ないほどの速さを誇り、統率《とうそつ》さえも完璧にとれている。

「なぁ……!?」

「何が……!?」

このまま一気に藪へと駆《か》け抜けようと、秋山隊は疎《おろ》か、反転しようとする俺たちを追《お》い抜き、釣り野伏せの中央を駆け抜け反転するその騎馬隊は、徳川でもなく織田でもない。

神速の用兵をなしたその将は、

「武田に対して同じ策が二度通じると思っていたのだったら、甘《あま》いと言わざるをえない。ここはどうやら秋山殿の墓場ではなく、貴様らの墓場となるだろうよ」

すでに伏兵に配置された種子島隊は攻撃範囲《こうげきはんい》に味方がいるため使えない。

このまま策を実行すれば同士討《どうしう》ちとなる。

「全ては幸隆殿の言うとおりか。『囮役は必ず逃《に》げ道《みち》を塞ぐためそこへ向かう。その穴を

見極《みきわ》め先んじて封《ふう》じれば種子島の威力故《いりよくゆえ》に同士討ちを招き策を実行に移せない』」

「マジかよ…」

たったの一回使っただけでここまでこちらの策を分析《ぶんせき》してくるのか武田は？

それとも被害が大きすぎたゆえに警戒心《けいかいしん》が生んだのか？

「なぁ、こんな時に口上なんて無粋《ぶすい》かもしれないけどこの策を潰《つぶ》したのは『幸隆』って人だって行ったたな？　もしかして真田幸隆殿か？」

「いかにも」

俺のその言葉に律儀《りちぎ》に答える目の前の男。

コイツも半端《はんぱ》ないやつなんだろうなぁ…。

「そうか」

ってか生きてたのかよ!!

昌幸は若いし山本勘助《やまもとかんすけ》は死んでるから、知恵袋《ちえぶくろ》がないと思えば幸隆ってこんな時代まで生きてたのか!?

信虎《のぶとら》の時の重臣だったんじゃなかったっけ!?

「そして俺の名は高坂昌信。冥土《めいど》の土産《みやげ》にこの名を持ってゆけッ!!」

「ちぃぃッ!!!」

馬上から繰《く》り出される一撃《いちげき》は、才蔵にも山県にも劣《おと》らない一撃。

それだけで油断の出来ない人物だと一瞬《いっしゅん》で理解できるくらいの力量は手に入れたつもりだ。

っていうか高坂昌信って武田四天王の一人じゃねえか！

こんな後詰《ごづ》めみたいな配置で、今更《いまさら》出てきて戦場かき乱しやがって!!

「こんにゃろ!!」

ドォンという爆発音《ばくはつおん》にも似た轟音と共に武一文字は砂煙《すなけむり》を上げ、視界を奪う。

さすがにその威力《いりょく》と礫《つぶて》によって多少のスペースが出来た。

「滝川隊！　佐久間隊！　釣り野伏せは失敗しました！　種子島だけは回収しなければいけないから一箇所《かしょ》に集めて馬で運ばせてください！　急いで！　この作戦のキモはおそらく俺達の持つ『種子島』を回収しその構造の研究、さらなる対策を練ることにあるはずです！」

武田は海を手に入れて間もなく、今までの貿易らしい貿易は食料や武器が主であった。

だから何も知らないから無関心で居られた所、織田徳川にアレだけやられた原因が『種子島』であると幸隆は見ているのであろう。

これで種子島の有用性を説いて万が一採用された場合、もう武田は手が出せない状態になる。

今は騎馬隊に固執《こしつ》しているが、騎馬隊だけではこれからは厳しくなることをこの戦いで武田は学びつつある。

そんな中でここにある大量の種子島を武田に奪われたりしたら目も当てられない。

「氏郷！　お前が騎馬隊を率いて種子島を堀江城へと輸送しろ！　出来るだけの時間は殿《でん》軍《ぐん》の俺と本多殿、榊原殿が引き受ける！　……ですよね？」

事後報告になってしまったが、二人共頷《うなず》いてくれた。

よし、後は時間を稼《かせ》ぐだけだな。

少しくらいは盗《ぬす》まれてもしょうがないから、大多数は持ち帰って欲しいもんだ。

じりじりと様子見をしながら、滝川隊、佐久間隊を守るように隊列を組む。

一応予備として槍を両部隊に持たせてはいるが、防馬柵さえない足軽なんて一瞬で踏《ふ》み潰されてしまうからな。

いやぁ、さすがに厳しい。

武田騎馬隊のしかも秋山信友、高坂昌信率いる六千＋数千に俺と本多、榊原率いる騎馬隊五千弱って、勝てる要素が見当たらないっつーの。

さてどうしようか、互いが硬直状態になっているなか、

「……？」
「なんだ？」

――ドドドドドドド…………ッ！

大量の蹄《ひづめ》の音。
姫街道《ひめかいどう》堀江城方面から一万を超《こ》える大軍勢がおしよせてきているのである。
そしてその旗印は、
「おい、丸パクりじゃねえか！」
そりゃあ特許なんて申請《しんせい》はしないけども！
白い旗に大きな黒字の文字。

――『武の一文字』である。

何から何までパクリである。
そしてその先頭に立ち万の兵を率いる総大将は、裏切りこそ『華』、悪徳こそ『美』。

己《おのれ》をそう称《しょう》し、素で行った戦国の梟雄《きょうゆう》、

「千宗易《せんのそうえき》推参!!!」

「違う、松永弾正《まつながだんじょう》久秀だジジイィ!!!」

救いの手はどこから差《さ》し伸《の》べられるかはわからないものである。

そして悠々と名乗った後、

「ここは退かれませい。この軍勢を前にさすがの武田も相手はできますまい？」

そう言って弾正が手を上げると馬上の乗り手が一斉《いっせい》に種子島を構え、

――――ドンドンドンドンッ！！！


誰一人《だれひとり》落馬することなく馬上で種子島を撃《う》ってみせたのである。

さすがに賞賛より呆《あき》れが先に来る感じだ。

「鉄砲騎馬隊《てっぽうきばたい》かよ…っ。確かにそんなことが出来るかもみたいな文通はしたことあるけど…律儀に仕上げてくる辺り……かなわねえなぁ」

その後、さすがの高坂、秋山も援軍《えんぐん》が来るとは思っていなかったらしく、踵《きびす》をかえし、その場を立ち去っていった。

なんというかこう、やり場のないどうしようも無さを氏郷の額にでコピンして晴らした。

「あべしっ⁉」

時刻は既に夕刻となっており、弾正はその夕焼けを見ながらぼおっとしている様子であった。

局所的だが戦いが終わり、俺は弾正に詰《つ》め寄《よ》る。

「いや、助けてくれたことには感謝するけど、今頃秀吉《いまごろひでよし》泣いてるんじゃないか？」

弾正が任されていたのは雑賀衆《さいかしゅう》、本願寺《ほんがんじ》であるため弾正が抜ければ戦線が維持《いじ》できないのではと危惧したのだ。

「いや、実はワシ最近隠居しましてなぁ。あ、名前は千宗易といたしました」

「ああ、どうもご丁寧《ていねい》に…って隠居⁉」

「まぁ、後のことは久通《ひさみち》が何とかするでしょうな。それ以前に対武田戦線でワシが兵力を集めるには隠居して権力から自らを切《き》り離さなければなりませなくてのう」

対武田戦線に兵を送ることは事前から決まっていたが、柴田殿、丹羽殿、秀吉はそれぞれ京の逗留軍《とうりゅう》、一向一揆《いっこういっき》鎮圧《ちんあつ》などで手が離せず、兵を送ることはできるが、将が居ない状態だったのである。

そこに弾正が立候補したのだが、当然織田重臣から信用されるわけがなく、じゃあ隠居して『武の一文字』のところで茶の湯でも楽しみます、みたいなふざけた回答をしたら受け入れられたらしい。

なんでも弾正が平手を裏切ることだけはありえないという噂《うわさ》は蔓延《まんえん》しており、しかも実際仲がいいのでその縁《えん》を頼《たよ》ったというところなんだろう。

「というわけでワシは今日から千宗易で御伽衆《おとぎ》として仕えさせて頂きます。あ、信長様もご承知ですので報告は結構らしいですぞ？」

「文句を聞きたくないだけだろうが！」

馬上で撃った種子島やらいろんなことを考えなければいけないけど、心強い味方が増えた………んだろうか？

「…おお！　忘れておりました、コレは前に話したお市《いち》様も天に昇《のぼ》る心地《ここち》となること間違《まちが》いなしのワシの生涯《しょうがい》の手練手管をし――」

「今渡す時じゃないだろ！」

6

「二回目にして既に対策をうってくるとは…武田侮《あなど》りがたしですな」

「いえ、今回は武田というよりも真田幸隆にしてやられたというとこでしょう。武田の騎馬隊は誇《ほこ》り高《たか》い。たとえ信玄とて血気にはやる騎馬《きば》将兵を抑《おさ》えるのは難しいでしょう」

「ふむ、騎馬にて策を封じ、騎馬にて武功を立てさせつつ、陰《かげ》ではあわよくば種子島の回収、攻城戦にて種子島の威力を見せつけ、決して玩具ではないと印象付け、武田将兵の騎馬隊の驕《おご》りを戒《いまし》める……全くもって隙《すき》のない用兵でございますな」

今話しているのはびっくりするほど馴染《なじ》んでる弾正と秀長、半兵衛。

上から順に秀長、半兵衛、弾正だ。

負《ま》け戦《いくさ》を見事にひっくり返した弾正に感謝の念は絶えないが、どうしてもドつきたくなるのは普段《ふだん》の行いのせいだろうか。

話題の焦点《しょうてん》となっているのは真田幸隆。

山本勘助を失った武田信玄には知恵袋がなく、その戦力を活《い》かしきれないと、この遠征《えんせい》では思っていたのだが、まさか真田幸隆をここで持ってくるとは思わなかった。

武田の将兵は総じて個性が強く誇り高い。

今までどうにか拮抗《きっこう》を保ってこられたのは、騎馬隊による獣《けもの》のような力強い突進《とっしん》力、攻《こう》撃力《げきりょく》をどうにか宥《なだ》めすかして、油断を誘《さそ》い横っ腹に一撃かましたりする頭脳戦で応対してきたからだ。

魔物《まもの》を倒《たお》しては素材をはぎ取り装備を強化したりする某有名《ぼうゆうめい》なみたいなものかな。

相手がネットで公開されている強烈《きょうれつ》なモンスターっていう。

そこを上手くコントロールし、信任が厚く、かの有名な真田三代の始祖の幸隆が武田っていうモンスターを操《あやつ》るというのだから焦《あせ》らないほうがおかしい。

というより弾正が来なければ、ヘタすれば全滅《ぜんめつ》すらありえた場面だったのだ。

「策とはこういうモノだという見本のようでした。余程《よほど》入念に地理を調べ内部を調査し、相手の行動を悟《さと》られないよう誘導したのでしょう」

「釣り野伏せが穴山を葬った策で大成功を収めたのなら、次も使わない手はない。ならば徹底的《てっていてき》に洗い、分析し、穴を見つけ出す。そしてあえて釣り野伏せを使わせ僅《わず》か二回目にて封じるどころか、逆にこちらに牙《きば》すら立てる…恐ろしい軍師が参加してきましたな」

真田っていえば幸村とか昌幸に目が行きがちだけど、幸隆ってメチャメチャ凄《すご》かったんだな。

俺《おれ》の認識《にんしき》では信虎の軍師が幸隆、信玄の軍師が昌幸、大阪《おおさか》の陣で幸村って感じだったんだがな。

「だが、弾正の援軍も来た。相手も焦っているはずだ。必ずしもこっちが不利ってわけじゃないと思うぞ」

武田が兵を引いた後、弾正（宗易って今更呼びづらいので）が引き連れてきた援軍一万二千＋種子島五百丁。

更《さら》には堀江城にも八千と三百丁置いてきたという話なので、これで完全に局所的には武田軍を上回る兵力を動員できる。

だが援軍はこれだけでは終わらない。

時が経《た》てば立つほど流通や経済を支配する織田は兵力、兵站《へいたん》、武器を充実《じゅうじつ》させていくことが出来るため、玉…つまり信長さえ討たれなければ、このまま硬直を続けていれば今は遠江に食い込まれているが、俺達の優勢は動くことはなくなる。

更には鉄砲騎馬隊なんて物まで持ちだしてくれたんだ。

戦力は確実に充実しているはず。

「種子島…ああいや、鉄砲騎馬隊というのでしたかな？　いや、平手殿の手紙に書いてあったときは、コレはと思い試《ため》してはみたものの、馬は元来臆病《おくびょう》な生き物でしてな。近くで種子島が鳴り響くだけで怯《おび》える生き物を、背の上で撃たせるというのが中々難しく…」

弾正は申し訳なさそうに頬《ほお》をかき、

「いやはや、実は百も用意できませなんだ、申し訳ござらん」

「………百かぁ」

その現実的な言葉に俺《おれ》は思わず天井《てんじょう》を見上げてしまう。

しかもその馬はやられれば補充が利かない上に、その性質上先頭に立って騎馬隊、長槍隊等《ら》を混乱させなければならない。

百でそれをやれるかというと微妙《びみょう》のまた微妙って感じだなぁ。

「今から育てるにも時間がかかりそうだしなぁ…いや、種子島主体の織田家のお家柄《いえがら》、馬もそろそろ慣れてきてもいいじゃないか？　ここに居る馬を調べて適正がある馬を選別して何とか頭数を揃《そろ》えるのもありか？」

「確かにそれはいい案かもしれません。そも、我が軍の騎馬隊は武田、徳川に対し一歩二歩どころか三歩は遅《おく》れていますからな。その分歩兵、足軽隊は突《つ》き抜けて屈強《くっきょう》ですが…」

俺と才蔵と宗厳《むねよし》の新脳筋三兄弟が大暴れしてるからなぁ。

本人達《たち》も強いが、その強さで士気もガンガン上げていき、背後では半兵衛、秀長、藤孝先生が指揮を取り一致《いっち》団結に関しては他《ほか》の追随《ついずい》を許さない（ただの傀儡《かいらい》とも言う）。

今や精鋭《せいえい》が集まっているといっても過言ではないのが平手足軽隊である。

それに比べてパッとしないのが最近騎馬隊を任せた利家だ。

本人は足軽隊がいいとか言ってたけど、俺達馬で器用に戦えないしね。

戦場までは馬で行くけどすぐ降りて無双《むそう》しはじめるから、馬の意味はあんまりなかったりする。

そこを修正するために騎馬隊を利家に任せたんだけど、イマイチぱっとしないのはやっぱり脳筋だからだろうか。

他に誰かいないものか、俺がそんなことを悩《なや》んでいると、

「氏郷殿《どの》がいるではないですか」

飄々《ひょうひょう》と言うのは弾正だ。

「待ってください、氏郷様は先の戦でようやく一軍の副官を務めた若武者にございます。まだそのような役目は…」

秀長がそう言い、半兵衛も賛成の様子だ。

俺も婿養子とはいえ、氏郷はかわいがっている。

万が一ここで戦死されれば戦力もそうだが、平手の家にしても俺にしても精神的にダメージが大きい。

「――――甘いッ!!!」

弾正の一喝《いっかつ》が場に響き渡る。

その声は威厳《いげん》に満ち、かつての戦国の梟雄を彷彿《ほうふつ》とさせるものだった。

「「「!?」」」

「蝶《ちょう》よ花よと愛《め》でるのは娘にござる！　息子はあえて千尋《せんじん》の谷に落とし、その成長を見届けるもの！　いつまで才能ある若者を籠《かご》に仕舞《しま》いこむおつもりか！」

弾正の一喝が俺の心を、秀長、半兵衛の心もえぐっているようだ。

確かに先日俺の副官として出陣《しゅつじん》させたが、機会はそれ以前にもいくらでも有った。

それでも出さなかったのは騎馬隊は徳川が有しており、今はまだ必要性がなかったためであり、コレでも早めに氏郷を使い物にして育てているつもりだったのだ。

――――だが、あくまでそれは俺達の主観である。

「先日の槍捌《やりさば》き、騎乗、滝川隊、佐久間隊への対応も見事。そして何より初陣《ういじん》でありながら逆境に折れず冷静に判断を下し、その背に背負《せお》う『武の一文字』の後継者《こうけいしゃ》たろうとする自負。子は親を見て育つもの。もはや親離《おやばな》れは過ぎており、必要なのは子離《こばな》れではござらぬかな？」

その言葉に返す言葉は見当たらない。

確かにまだ二十にも行かない年齢《ねんれい》ではあるが、この時代既に元服を迎《むか》え大人の仲間入りを果たしている。

体格とて周りに劣るものではなく十分に出来上がっており、文武において既に周りからは太鼓判《たいこばん》を押《お》されている状態だ。

それを使わぬ手はない。

わかってはいるのだが……。

「俺は死ねなくてなぁ…そういう体だ。だが氏郷は死ぬ…息子に死なれるのは……辛《つら》い」

「その辛さを背負わぬ武将がこの世に存在すると御思《おおも》いか」

「⁉」

「ワシには見えますぞ、戦場にて『武の一文字』を掲げ戦場を縦横無尽《じゅうおうむじん》に騎馬を走らせる氏郷殿の姿が。そして『武の一文字』を掲げ次々となぎ倒す平手久秀殿《どの》の二つの『武』が」

采配《さいはい》は半兵衛か秀長か、俺は脳筋共を連れて突貫《とっかん》して、氏郷は利家を連れて戦場を蹂躙《じゅうりん》する。

そんな光景が浮《う》かび上《あ》がる。

俺は諦《あきら》めたようにため息を一つついた。

「分かった。氏郷は今日をもって騎馬隊の大将として、利家は副官につける。場合によっては二手に分け、鉄砲騎馬隊に目算が付けばその隊は氏郷に一任する」

俺のその言葉にこの場で反対する者はおらず、コレにて評定は終了《しゅうりょう》となった。

だが最後に一言だけ半兵衛が問うた。

「氏郷殿は平手家の次期当主。この決断により戦死する可能性もありましょう。男児のお世継《よつ》ぎが居ない平手家を如何《いかが》するおつもりなのでしょうか？」

分かりきったことを聞くなぁ。

「氏郷は俺が認めた唯一の跡取《あとと》りだ。もしこの先俺に実の息子が生まれようが何一つ変わらないよ。お市も納得《なっとく》済みだしな。平手の爺《じい》さんとも相談したんだけど、どっちも死んだら信長の直臣か秀吉に仕えればいいってさ。平手縁者《えんじゃ》にはこれだけのメンツを纏《まと》める器量持ちはいないらしい。ま、それだけの才覚のやつが揃ってる自信があるし。平手はそもそも俺の血で繋《つな》げるつもりなんてこれっぽっちもなかったからな。あくまで平手は織田の側にあってその天下布武の『武』の一文字を体現できる存在であれば良い。『平手』なんてただの記号なんだよ」


『氏郷eyes』

「こんな夜に散歩ですかな？」

働かない頭と、真っ赤になった眼を見られぬように、人目につかぬ場所で月見をしている俺に声をかけたのは松永弾正久秀。

戦国の梟雄と呼ばれた凡《およ》そ常人にはなせぬ悪行の数々を繰り返《かえ》した大悪人であるが、こうして話している分にはそんな様子など微塵《みじん》も感じられない。

「…………あんな会話を聞かせておいて、よくも飄々と」

「ほっほっほ…」

先ほどの話し合いに呼ばれては居なかったが、弾正に呼び出され隣《となり》の部屋で声が聞こえて来ると、聞き耳をつい立ててしまい、その内容が如何《いか》に自分がこの平手において重要な位置にいるのか、期待されているのか、一時は疎《うと》まれているとさえ思った父はアレほどに俺に期待と情を向けてくれていると思ったら、居てもたっても居られず、人目につかぬ夜道で月見をしていたというわけだ。

「……重いですかな？」

「…………」

期待が、信頼《しんらい》が、情が、あるいはその全《すべ》てが。

答えなければならない。

それは昔から自分自身を戒めていた鎖《くさり》だ。

ようやく自分に出来る仕事が増え、今回の副官での野戦は全てが新鮮《しんせん》で怖《こわ》かった。

自分の命で何十、何百の命が簡単に死んでいく。

それが戦場。

ようやく自分はその戦場に足を踏み入《い》れたという実感。

――重い。

自らの命によって死んでいくだろう兵の命が。

「……怖いですかな？」

「…………」

怖くないわけがない。

アレほどまでに自分を信頼し、その能力を信じて疑わぬ半兵衛殿、秀長殿、そして我《わ》が父が！

自分はそんな大層な人間ではないと。

だが俺を評価しているのは、かの半兵衛殿であり秀長殿であり我が父である『武の一文字』なのである。

大声で叫《さけ》びだしたい！

自分はそんな期待を背負えるような器ではないと！

今までは上手くやれてきた。

だがそれもいつまで続くのか。

失敗など許されない。

もしそんな失敗などをしてしまえば……っ！

「怖くてしょうがないのですな。平手家…ひいては、貴方《あなた》の師の方々に失望されるのが」

「…………ッ!!」

まさに図星を指され、図《はか》らずとも弾正殿に殺気を向けてしまう。

そう言った弾正殿は俺の視線を受け、ふいと逸《そ》らし月を見上げた。

「でもそれはある意味羨《うらや》ましいことなのですぞ？」

「……？」

「この乱世、お家を守る為《ため》ならなんでもする者も多いでしょう。氏郷殿も人質《ひとじち》だったのがいつの間にか平手次期当主に変わり、と変遷《へんせん》を繰り返してきましたが、平手に集まる者は違《ちが》う………細川家を持つ藤孝殿のみではないですかな、お家を残し次世代へ繋ぎ武功を挙げようとしているのは」

だからいつでも前線に立ち、誰よりも前で兵を鼓舞《こぶ》して、お前達は天下布武の『武の一文字』を背負う者だという自負を忘れるな、と背中越《ご》しに繰り返し叫ぶのである。

全ては信長様の天下布武のため、ひいては平手という信長様の親友の、友を思い前線に立ち続け、味方とともに戦場を疾駆《しつく》するその姿に惹《ひ》かれる者達の集団。

その心は、その憧《あこが》れる姿は俺の眼にも心にも焼き付いている。

いつまでもこの人の背中を追い、ただひたすらに戦場を疾駆する。

――それが今までの俺だったのだ。

「さて、ここからは氏郷殿本人次第《しだい》。平手家にただ仕えていく者から、平手家を動かす者へと変わる機会ですな。殻《から》を破り、目線を変え、『武の一文字』を背負えるかどうか。試されるときは近いですぞ？」

そう言って去っていく弾正。

が、何を思ったか懐から一冊の本を出し、

「コレは男として必要な物を書き記した書にございます。有効に活用なされよ」

そうして今度は振《ふ》り返らず去っていくのであった。

「………………」

相変わらず月夜は綺麗《きれい》だが、その光は先程《さきほど》とは違い温かい光に包まれるような、母性を感じさせる温かみを持っていたと感じるのは気のせいか？

覚悟《かくご》が決まったとはいえない。

――――だが、やるしか無いことだけは判《わか》っている。

今はそれだけをわかっていれば良い。


ちなみに例の書は初《はっ》に適用されたかどうかは二人にしか分からない秘密である。

ただ、その書は弾正のもとに帰ることはなかったということだけを付け加えておく。

7

「おお～、コレは驚《おどろ》いたな……」

「はい。私としても嬉しい誤算というやつですね」

俺と半兵衛は眼前の光景に驚きを隠《かく》せないでいた。

先日、弾正が連れてきた鉄砲騎馬隊《てっぽうきばたい》を見た俺達は、即《そく》それをうちの騎馬隊でも実践《じっせん》できないかと試してみた結果、

「いや～まさか、ここまで馬が鉄砲に慣れているとは思わなかったなぁ」

そうなのである。

試しに馬上で種子島を撃《う》った所、問題なく撃つことが出来たのである。

弾正からノウハウ、馬上では鐙《よろい》の位置やら、火薬の量、鉄砲の構えから扱《あつか》い方の指導のもとに行われた試射は大成功だったのだ。

元々家の戦法は回し撃ち、釣り野伏せ、脳筋三兄弟足軽隊の大蹂躪などの種子島主体であり、それが長い時間続けばさすがに臆病な馬も慣れるというものである。

うちの騎馬隊は元々扱える者が少なかったために大した戦力になっていなかったが、鉄砲騎馬隊がそこに加われば話は全く別になってくる。

そもそも尾張の兵が弱いがための種子島。

それを騎馬隊で使ったところで何の支障もない。

「機動力のある騎馬に種子島が使えれば一撃離脱《いちげきりだつ》も可能であり、その混乱に第二陣《じん》、三陣と続けば、ようやく平手家は攻めの戦法を使えることになる」

半兵衛が感慨《かんがい》深く語るが、そうなんだよな。

平手家は足軽隊がメインの対武田戦線では釣り野伏せの待ち伏せや籠城戦《ろうじょうせん》といった待ちの戦法しか使わなかった。

使わなかったのではなく、使えなかったのだ。

織田の兵が弱いから種子島という発想なのに、種子島は野戦で攻めで使えないからこそ今までの待ちの戦法。

攻めの種子島活用である伊達政宗《だてまさむね》の鉄砲騎馬隊がアレほど後世に評価されているのはこの点にある。

武器の相性は射程距離《きょり》と速度だ。

刀には槍《やり》、槍には弓、弓には鉄砲。

弓には刀、槍の立ち回りの速さには勝てないし、室内などの狭い場所では使えず、ある程度の広さも確保しなければならない。

ある意味での三すくみがあるわけだ。

武田の騎馬隊が最強と呼ばれるのは、この三すくみに騎馬隊は加えられないからである。

剣も槍も騎馬で踏み潰せるし、弓や鉄砲も装填前に突っ込むか、再装填前に突っ込めばいい。

機動力が射程、馬力や馬上の立ち回りが速度を埋《う》める。

その練度が半端無かったからこその武田騎馬隊が最強と呼ばれる所以《ゆえん》なのである。

さて其処《そこ》に鉄砲を扱える騎馬が現れればどうなるか。

騎馬の速度で突っ込んできて、射程距離外から種子島を撃って去っていくのである。

相手に何もさせない完封が可能となる、理論上はだけどね。

そうなれば相手の前線は混乱し、其処に第二陣、第三陣を突っ込ませれば更に被害《ひがい》を拡大させることができる。

コレが伊達政宗の考案した鉄砲騎馬隊である。

いや、大したもんだと思うよ実際。

さすがに生まれた時代が早ければ、と言われるだけのことはある。

が、惜しむらくはこの戦法を試せたのが大阪の陣の二戦だけっていうのがね。

しかも幸村には確か見破られて対処されたんだよな…どうやったんだっけか？

「しかし鉄砲騎馬隊は相手に接近して、あくまで相手の射程外からの一方的な攻撃《こうげき》にキモがあります。伏兵《ふくへい》で側面や背後に回られたりし、距離《きょり》を詰められれば唯の騎馬以下の存在になりますから注意は必要でしょうな」

「ああ、それだ」

「……は？」

「いや、気にしないでくれ」

幸村は兵を潜《ひそ》ませて側面をつかせたんだよな。

鉄砲騎馬隊は対処ができず敗北し、結局伊達政宗は再戦の機会はなくこの戦法もここで昇華《しょうか》することなく終わったんだっけな。

だが、

「幸村に敗れるまでは連戦連勝だったしな」

どんな戦法にも破り方はあるものだし、相性もある。

家には半兵衛、秀長、藤孝、今回からはジジイも加わったため、軍略、知略、政略面では半ばチート化しているため、俺が何も言わずともやってくれるだろう。

むしろヘタに専門外に口を出《だ》したほうが失敗するって落合○督も言ってたしな。

「…………」

無言でこの光景を見つめるのは氏郷。

この隊を率いるのはコイツで利家は副官になる。

そういやなんか最近やたらと雰囲気《ふんいき》というか貫禄《かんろく》が出てきたんだよな。

本格的な戦場に初めて出たことで何か成長させるものがあったということだろうか？

それ以外に成長する出来事なんて――――は⁉　まさか、童貞を卒業したから大人になったというやつか⁉

初は婚前交渉など許さない貞淑な淑女だ（親ばか目線）。

つまり初夜こそが童貞と処女の戦場、ランデブーならぬ乱で武巧ということなのか⁉

「ふ…もう子供とは呼べぬか、娘を頼《たの》む」

「？　……はぁ」

ポンと肩《かた》を叩《たた》き、婿《むこ》を労う。

娼館は許すが側室や愛人が出来たと疑ったら連絡《れんらく》しろと初には伝えてある。

流石《さすが》に茶々《ちゃちゃ》は相手が信忠《のぶただ》ということもあり、子供をいっぱい作らにゃならんから、側室持つなとはいえないが、氏郷テメェはダメだ。

俺だって娼館以外は側室も愛人も居ないんだからな。

まぁ、それは現代の価値観の一夫一妻制が大きく影響《えいきょう》しているんだと思うけど。

氏郷はこれで婿養子《ようし》で俺の跡《あと》継《つ》ぎなんだから、これくらいは教育と割りきってもらおうかね（結局は馬鹿《ばか》親である）。

8

元亀《げんき》三年（一五七二年）　十月
平手家軍事評定という名の飲み会……のはずが今回は弾正の願いによって茶会で開かれる

もはやなんでもありの風潮である

「鉄砲騎馬隊として使える馬は現種子島数の三分の二は用意が出来るそうです。野田城に八百、浜松城に千二百。撃ち手を集めれば千二百全部を鉄砲騎馬隊に編成できますが…」

「さすがにそれはマズイだろ…第二陣からの編成に人数が割《さ》けないし、もしもの籠城《ろうじょう》時に予備は残しておきたいからなぁ」

「浜松城は三方向からの攻《せ》め手がおりますからなぁ。一方を攻める間に城を奪《うば》われては元も子もないですからな。兵力は増援《ぞうえん》含め二万三千おりますが、武田は今は三万としても甲相越三国同盟がありますからな。更に増員しても可笑《おか》しくはないでしょうなぁ」

「ったく、本当に厄介《やっかい》だな甲相越三国同盟は」

これがなければもっと話は簡単に進められたはずなんだ。

とはいえ、思いもよらぬ、相手が嫌《いや》がることをするのは戦法の常道なのでさすが武田信玄という他無いわけだが。

「あちらにしてみれば、平手の回し撃ち、釣り野伏せもそういった類のものでしょうなぁ。アレ等がなければ徳川は今頃《いまごろ》遠江を奪われておりますゆえ」

「お前絶対家康殿の前で言うなよそれ」

しれっという弾正だが、確かに事実ではあるのだ。

三方《み》ヶ原《かたがはら》の戦いでメタクソにやられたしな、俺もだが。

あの勢いのまま来られたら遠江はおろか、徳川存亡の危機といってもいい状況《じょうきょう》にあったはずだ。

それが高天神城は奪われたものの膠着状態まで持って行けているわけだから、御《おん》の字《じ》というべきか。

「だが、その膠着が俺達に武器を手に入れさせてくれた」

そう言って氏郷を見ると、承知しているのかコクンと小さく頷いた。

鉄砲騎馬隊だ。

未知の戦法というのはリスクを伴うが、その分のリターンは大きい。

そしてそのリターンで狙《ねら》うのは、

「……玉を取るか？」

「いえ、信玄までは陣が遠すぎてこちらの隊列を維持できません。狙うならば飛車角落とし」

武田の玉はもちろん信玄だが、武田の飛車角となると、

「武田四天王か真田幸隆」

この五人の内の一人でも欠ければ間違いなく武田の戦力は落ちる。

秋山信友は良い将だが勝算が高く、半ば奇襲戦《きしゅうせん》で大将を打ち取れる攻めの戦法を使うには少しばかり言っちゃ悪いが格が落ちる。

他の将でも穴を埋められるという意味でな。

その点、武田四天王や真田幸隆は替えの利かない人物である。

だが真田幸隆は武田信玄の側仕えにいるらしく、戦場には出てこない。

他の四天王については高坂昌信はいきなり現れてどこかに行っちゃったし。

馬場信春《ばばのぶはる》、内藤昌豊《ないとうまさとよ》にいたってはこの戦場にいるのかも定かではないしな。

ならば話は簡単である。

そしてこの武田四天王の内狙いやすく、律儀《りちぎ》に戦場の先陣に立ち、今も俺達を苦しめる元凶の一人。

お誂え向きに一人だけ存在するこの戦局にもっとも適した人物。

「復讐の時間は早くもやってきたな、ケケケ」

そう武田信玄でなく、真田幸隆、秋山信友でないのならもう一人しか居まい。

俺の憎き怨敵《おんてき》。

初めての敗北を味わわせてくれた張本人（それからは高坂にもやられてるけど）。

――武田四天王筆頭、山県昌景！

『今日の濃姫様《のうひめさま》』

『いやぁ、この前の信忠くんの元服の時に拝見いたしましたが、信長と上手《うま》くやっているようで安心しました。普通《ふつう》側室を持った上にその子供が跡取りになれば憤懣《ふんまん》やるかたないはずなのに、その息子《むすこ》とも上手くやっている姿を見て感嘆の念を覚えずに居られませんでしたね。俺なんか義理の息子をサンドバッグにしてこのやるせない思いを解消したくらいです』

「さんどばっぐ？」

相変わらずこの方の手紙に風情は感じられないが、実直でありながらも頓智《とんち》が利いていて、綴られる言葉に嫌味がなく自身が織田家正妻であることを感じさせないため、読んでいて清々しいほどである。

たまに私の分からない文字が綴られているのには困りものだが。

確かに一時は信忠を嫌悪していた時期があったが、寧々《ねね》やお市の勧めで話し合いの場を設けてみれば、信忠も私と似たところがあり、偉大すぎる父への遠慮《えんりょ》や甘えが許されないゆえに張《は》り詰めた所が奥《おく》に感じられたのだ。

まるで昔の自分を見ているようで、色々と自分のして欲しかった『故郷』や『母』のような無条件で落ち着ける、そんな手伝いが出来ればと接しているうちに母上と次第に呼んでくれた時には涙《なみだ》が出そうになったものだ。

『其処《そこ》でお願いなのですが、御存じの通り俺は二つの宝石を失いました。残りはあと一つ。どうかこの宝石をお守りいただけませんか？　例えば信長が婚約《こんやく》を画策しだしたら文で知らせていただけると嬉しいです。もう江《ごう》が嫁《よめ》に行ったら生きていける気がしません』

「…………」

普通なら冗談諧謔《じょうだんかいぎゃく》の類かと思うが、あの結納《ゆいのう》の席を見ているとあながち冗談とは思えない部分があり、お市に相談したら、同席していたお市、茶々、初が一斉《いっせい》に顔を逸らした所を見ると不安を覚えずにはいられなかった。

『最後になりますが、前回あった信長の浮気《うわき》が気になるとのことですが、男は過分に戦になれば血が滾《たぎ》るもの。織田家当主ということもあり、少しばかりは許容するのも必要なのではないでしょうか？　女は港、男は船。ドンと構えて信長の帰るべき場所になっていただければと俺は思います。そしてその為の秘策も用意しておきましたので、後にご覧になってください。ではこれにて』

「……秘策？」

やはり平手殿も夫の多少の浮気はしょうが無いとの意見であった。

今までのことからして彼《かれ》は信頼出来る人物であることは確かだ。

最初の手紙からだんだんと私の文章量も増え、文官が受け取った瞬間《しゅんかん》重みで倒れこんだ時点で書きすぎかもと思ったが、それを律儀に読み返信までしていただけたのだから相当に誠実であるのだろう。

その彼が言うのだ、少し許容するべきなのだろう。

そう自身で締めくくり、文末にあった秘策という一緒《いっしょ》に届いた書物に手を伸《の》ばした。

――その後の信長は満足そうでありながらも、足が子鹿のようにプルプルしていたという。

第四章　《反撃《はんげき》開始！》

1

元亀三年（一五七二年）　九月四日
高天神城《たかてんじんじょう》にて浜松城《はままつじょう》　攻城戦《こうじょう》軍事評定

「ふむ、お主を持ちだしてなお平手《ひらて》は崩《くず》れぬか。さすがは武《ぶ》の一文字《いちもんじ》を背負うだけのことはある」

「は、言い訳の言葉もございません」

武田《たけだ》信玄《しんげん》が軍配を弄びながら上座にて口を開く。

眼の前にいるのは膝《ひざ》をつき、己《おのれ》のふがいない戦果に歯噛みしながら平伏《へいふく》する高坂昌信《こうさかまさのぶ》である。

途中《とちゅう》までは完璧《かんぺき》な用兵であった。

敵の伏兵は狙い通りの場所に伏せており、先手を打ち逃《に》げ道《みち》を塞いだところで形成は逆転され、全てが真田《さなだ》幸隆《ゆきたか》の手のひらの上の出来事であったはず。

だが、結果だけ見れば痛み分け。

こちらには高坂昌信の参戦と増援を悟《さと》られているだろうし、ここで相手の種子島を奪って戦力を奪い、尚且つこちらに益するという目的も達せられなかった。

負《ま》け戦《いくさ》とは言わないが決して勝ち戦とはいえない。

そんなふがいない戦果を下げて戻《もど》ってきたのでは合わせる顔がなく、高坂は信玄の顔をまともに見ることができないでいた。

そんな高坂を慰めるように幸隆は口を開く。

「仕方あるまい。戦場に予想外は付き物じゃ。一喜一憂し、浮かれ落ち込み自身の力を見失うことこそ信玄様の望みではあるまいよ。戦いは五分の勝ちをもって上となし、七分を中とし、十を下とす。最近儂《わし》らは勝ちすぎていた部分がある。窮鼠《きゅうそ》猫を噛む。人は心の臓を一突《ひとつ》きされれば死ぬ生き物である。乱れた天秤《てんびん》を戻すにはちょうどいい出来事であったじゃろうよ」

「幸隆様……」

それは決して高坂昌信だけに言った言葉ではあるまい。

自分自身、この策であれば徳川《とくがわ》、織田《おだ》を完封できると信じていた為多少なりとも動揺は隠せなかっただろう。

いや、確かに完封していたのだろう。

ある不確定要素さえ戦場に現れなければ。

「……松永弾正久秀《まつながだんじょうひさひで》。梟雄《きょうゆう》が今さら情に生き、権力を捨て隠居《いんきょ》までしてなお平手当主に尽くすか」

今までの松永弾正であれば、信長包囲網《のぶながほういもう》ができ、甲相越《こうそうえつ》三国同盟が結ばれた時点で信長に反旗を翻《ひるがえ》していたであろう。

そうなれば武田戦線に兵力をここまで割くことも出来ず、武田が小細工することなく威風堂々徳川を馬蹄《ばてい》にて踏《ふ》みつぶしていたハズであった。

そしてその全ての原因を作ったのは、家の天才軍師竹中重治《たけなかしげはる》か。

いや、違うだろう。

彼だけならば、弾正は動かなかっただろうし、浜松城を落とすのにこれほど苦労することはなかった。

そう、その松永弾正の隠居してまでの対武田戦線参戦の元凶をあげるとするのならば、

「……平手久秀」

羽柴秀長《はしばひでなが》、竹中半兵衛《はんべえ》等《ら》の優秀《ゆうしゅう》な家臣を率いながら、織田信長に一切《いっさい》の危機を抱かせないその人柄とでも言えばいいのか。

普通家臣がこれだけの勢力を持てば上は危機感を覚えるものだが、むしろ信長は進んで平手に人材を任せているフシすらある。

絶対的な信頼関係がそこにはあるのだろう。

また家臣団の団結は強く、他《ほか》の重臣等とも不和が少ない。

当時唯の足軽から付き合いがあった羽柴秀吉《ひでよし》を重用したとし、秀吉が織田家直臣になるというある意味裏切りに等しい独立を果たしてなお交流は続いているらしく、むしろ秀吉の出世を快く思わない重臣の間に入り取り持っているという。

いつ背後から刺されても可笑しくない戦国の世。

人は信じるより疑い裏切る方が楽なのだ。

「……これ以上厄介にならないうちに、対処せねばならぬのう」

幸隆はしゃがれた声で地図を見渡し、改めて戦況《せんきょう》を整理する。

間者からの報告によれば敵軍およそ浜松城二万五千、種子島《たねがしま》千丁強。

こちらは掛川《かけがわ》六千、二俣《ふたまた》六千、高天神城一万八千で浜松城を包囲。

動員数は三万。

兵の数ではこちらが有利だが、兵站《へいたん》や経済、流通、物量の点を見れば北条《ほうじょう》頼み。

「海……か」

そう言って高天神城から海を眺める昌幸《まさゆき》。

どれだけ待ち望んだ光景だろう。

どれだけの価値を武田にもたらすのだろう。

その価値は計り知れないものになる。

だが、

「――――今、まさにこの瞬間、局面には不要」

鋭《するど》い眼光で高坂を睨《にら》みつけると、

「松永の援軍《えんぐん》に馬上から種子島を撃ったという知らせが届いておるが真《まこと》か」

「は？　は、はい！　およそ数は百にも届かぬ数でしたが」

高坂の言葉に幸隆は軽く眉根を寄せる。

「問題は数ではない。『出来るか出来ないか』だ」

そう言って、暫《しば》しの間口をつむぐ幸隆だったが、考えがまとまったのか武田信玄に向かって平伏《へいふく》し、口を開いた。

「松永弾正はどういうわけか馬上にて種子島を撃てる技術を生み出していた様子。浜松城の忍《しの》びは徳川お抱えの忍びの警戒《けいかい》により入手できませんでしたが、おそらくその技術を平手家臣団に伝えているはず。ならば次の戦必ずやこの戦法を使ってくるはずにございます」

「むぅ…言ってみれば種子島の騎射《きしゃ》ということか。弓より殺傷力が高く、射程距離が長い。そして馬上がゆえに単発であると考えてよいだろう。して幸隆よ、お主はこの状況を前にどうするつもりじゃ？」

その言葉に幸隆はニヤリと口角を上げる。

「騎射であること、これこそが活路。竹中半兵衛は必ずや最小被害で最大効率を狙ってくるはず。そして失礼を承知で申し上げれば御屋形様、はっきりと申せばこのまま膠着状態を保てば武田に勝機はございませぬ」

「な！　無礼でありましょう!!　いくら幸隆殿とてその言葉聞き捨て――」

いきり立つ周りの重臣を視線と軍配の動きで制する信玄。

まさに甲斐《かい》の虎《とら》というべき姿である。

「農繁期《のうはんき》を逃《のが》してまで手に入れたのは高天神城のみ。更《さら》にはこのまま膠着状態を続ければ武田は疲弊し、織田は潤《うるう》う。徳川は専守防衛を心がければ次第に戦況は織田、徳川に傾くのは必定…そう言いたいのだな？」

「はい。皆様方《みなさま》もお認めください」

――今、武田は危機に瀕しているということに。


幸隆の言葉にざわめく中、続けて口を開く。

「この状況を作りだしたのは武田か、徳川か、織田か！　いずれも正しく間違っている！　では我々武田を挫《くじ》いた出来事を並べましょう！　浜松城を落とせなかったのは、三方ヶ原《みかたがはら》で大勝しつつも穴山梅雪《あなやまばいせつ》を失ったのはなぜか、松永弾正を呼び寄せたのは…誰《だれ》か？」

ここで幸隆は一つ呼吸を置き、

「攻め落とすべきは浜松城、堀江城《ほりえじょう》、家康《いえやす》にあらず。この状況を作りだす天運と人望」

鋭い眼光は高天神城から浜松城へ。

そしてその視線が向かうべき怨敵、倒すべき、排除すべき敵。

その名こそは、

「平手久秀。不確定要素としてどのような手を使おうと排除させてもらうぞ」

2

「俺《おれ》、この戦《いくさ》が終わったら隠居しようと思ってるんだ」

「は？」

鉄砲騎馬隊《てっぽうきばたい》の準備を手伝っている中、言葉が聞こえたのか側付きの兵士が怪訝そうにこちらを見てくるが、なんでもないよ、と手を振っておいた。

のっけから死亡フラグ満々のセリフを吐《は》くが、どうやらこの時代の人間には通用しない諧謔らしい。

まぁ、別に冗談ってわけじゃないんだけどな。

なんか最近氏郷《うじさと》の覚醒っていうかキル○アイスの死を乗り越《こ》え、カイザーとなったライン○ルトの能力アップイベントが発生したとでも言うのだろうか。

突然頼《とつぜんたよ》り甲斐《がい》が出てきちゃったもんだがから、親としては嬉しいような悲しいようなフクザツな心境だァね。

初《はつ》と結婚《けっこん》してここまで成長したっていうのならまぁ俺としても？　満更でもないっていうか？　俺の娘のおかげってことだもんねぇ？

っていうか俺もアラフォーだし、四十前後には家督を信忠《のぶただ》に譲ろうかと考えている、なんて信長も言ってたしな。

俺もそれくらいのタイミングで家督を氏郷に譲ろうかねえ。

隠居してジジイと茶でも飲んで暮らそうかなぁ。

ま、隠居したら信長の御伽衆《おとぎしゅう》か、平手家の御意見番的存在に祭り上げられそうだけどな。

そんなことを考えてると、

「父上、鉄砲騎馬隊《きばたい》の編成が終わりました」

「お。早かったなぁ」

今回の戦は二俣城方面から来る山県昌景《やまがたまさかげ》率いる六千に対し鉄砲騎馬隊七百、騎馬隊四千、足軽隊五千の約一万の部隊で波状攻撃をかけることになっている。

残りの約一万は浜松城の死守をしてもらい、とにかく、

山県昌景率いる騎馬隊六千

VS

平手久秀足軽隊五千
平手氏郷鉄砲騎馬隊七百
本多《ほんだ》騎馬隊二千
榊原《さかきばら》騎馬隊二千

鉄砲騎馬隊の成否に関わらず、兵力も優勢を保っていられるような編成にしてあるつもりだ。

余裕《よゆう》を持った編成とはいえあの山県昌景だ。

油断なんか出来る状況じゃない。

「よし！　準備ができ次第、二俣城方面へ突撃《とつげき》を敢行《かんこう》する！　いいか、落ち着いてやるべきことをこなせ！　氏郷の鉄砲騎馬隊が必ず武田の騎馬隊に風穴を開ける！　その混乱に乗じて突撃し、山県昌景までの道を開け！　後は俺が奴《やつ》に始末をつけてやる!!」

俺は大げさにアピールするように武一文字を馬上で掲《かか》げ兵を鼓舞する。

思えばこの中にどれくらい初期の六角《ろっかく》戦からの付き合いの兵がいるのかね？

勝てない戦じゃない。

勝算は十分にある。


――信長の覇業を邪魔《じゃま》するってんなら、全員纏《まと》めてぶっ飛ばしてやる！

「テメェ等！　行くぞ！　出陣《しゅつじん》だッ！」

『武田eyes』


「まさに予想通りといったところか」

そう呟《つぶや》くのは二俣城方面で、既《すで》に城を出て隊列を組み、押《お》し寄《よ》せてくるだろう大軍を前に泰然とする山県昌景。

彼は突然《とつぜん》の浜松城の攻勢《こうせい》を冷静に見据えている。

「ったく、アンタは全く動じた様子を見せねェんだなァ。ワシァ漸くの出番に血がこんなに滾ってるってぇいうのによォ…ッ」

そう言った男は片手に持った三国志に出てくるような方天画戟《ほうてんがげき》を担ぐようにおどけている。

身長は高く筋肉質でありながら細身な体つき。

それは無駄《むだ》な贅肉をそぎ落として、獲物《えもの》を狩ることだけを目的としたモノであるように見え、実際にそうなのであろう。

まるで知性を持った獣《けもの》のような印象を与《あた》える男だ。

「全く、お前のその無駄に好戦的な考え方が余計に戦場から遠ざけるというに…」

昌景のその言葉に、男はうげぇと舌を出しながら、

「敵なんてのは全部ブッ飛ばせばいいだろォが。それにワシはワシの部下に必要以上の犠牲をしいたことなんざねェ」

「確かにな」

この男は確かに猪突猛進《ちょとつもうしん》ではあるのだろうが、獲物を嗅ぎつける能力や、弱点や隙《すき》を見逃さない獣のような第六感で勝機を掴み武功を必ず持ち帰ってくるのだ。

それも仲間の被害も極力抑えた状態でである。

ただ、その本能が作戦と噛み合わない場合、独断専行に走る場合も少なくなく策士や軍師とは折り合いが悪い。

真田幸隆ぐらいではないだろうか、この男を御せるのは。

男いわく、

「アイツは狩人だ。ワシァこの手で獲物をブッ潰《つぶ》してやるが、アイツは冷静に冷徹に獲物を追い詰《つ》め確実を期して屠《ほふ》る。本質は一緒なんだよ、違《ちが》うのは手を下すのが自分か他人か…ただそれだけだ」

「そうか」

軍師と武将では色々役割は違うが、二人だけに通じる部分があるらしい。
山県昌景は思考をそこで一旦《いったん》切り離し、この作戦の概要《がいよう》を改めて確認《かくにん》する。
「わかっているな、これは俺達《おれたち》が思う以上に重要な一戦になるだろう。目的の達成だけを考え適切な判断を下せ」
その言葉を聞いた瞬間、男は大げさに肩をすくめてみせた。
「分かッてねえな『山の将』よォ…。作戦に忠実に動き、武田の掌で踊ってくれる相手なら『林』や『風』がここに居《お》るはずだ。だがワシがここに居るってことは、予想外の展開が起こりうる自体を否定しきれないからこそだろォが。どんな状況でも戦果を挙げ予想外に最も適した人材であるワシが、『火の将』がいるんじゃねェのか?」。
――武田の旗印である風林火山。
疾《はや》きこと風のごとし
徐《しず》かなること林のごとし
侵掠《しんりゃく》すること火のごとし
動かざること山のごとし

そう言って『火の将』である馬場信春《ばばのぶふさ》は獰猛《どうもう》に笑うのであった。

3

元亀三年（一五七二年）

山県昌景率いる六千を標的に、平手家臣団と本多隊、榊原隊が二俣城方面へ進行、急襲

浜松城から二俣城の距離はそう遠くなく、しばらくすれば敵軍の先鋒《せんぽう》の姿が見えてくる。

こちらの接近する馬蹄の音で、速やかに隊列を組んだんだろう。

流石《さすが》は山県昌景、俺の殴りたいリスト筆頭、四天王筆頭でもある男だ。

感づかれるのが早く、奇襲《きしゅう》とは行かなくなったが、本来の目的は別にあるので、ヤロウの実力を鑑《かんが》みれば予定調和にすぎない。

今回の作戦は攻城《こうじょう》戦ではない。

浜松城攻城のため二俣城との間付近に陣《じん》を張る山県昌景を急襲するのが目的である。

特に整備された土地じゃないので、荒れており、運用できる兵は一万も使えないだろう。

そのことを見越《みこ》していたのか、六千という兵で二俣城を守り、更には攻め手を担《にな》うのだから、余程戦《よほどいくさ》慣れをしているのだろう。

もともとが武田の領地は山国だからなぁ。

経験というのは本当に財産になるという一例だね。

「敵の先鋒が見えてきましたね」

俺の馬に寄せた氏郷がそう軽く口を開く。

奇襲ならず、こうなってしまえば戦況は硬直《こうちょく》する。

ジリジリと間合いを詰め、お互《たが》いを牽制《けんせい》しあうことになる。

こちらも陣形《じんけい》は崩していないが、お互いにらみ合いの様相である。

どちらかが切っ掛けを作り、箍《たが》を外せば雪崩《なだれ》のように両軍入り乱れるだろう。

と、武田は思っているはずだ。

「かなり重要な役割になってくるが、いけるな、氏郷？」

「はい」

迷いを見せず頷き返す氏郷。

うんうん、こういう打てば響く返事は大変よろしいな。

チラリと顔を見ると、いかにもな気合に満ち溢れ、されど冷静さを失っていない。

まさに名将の風格というものだ。

いつのまにかコイツこんな顔するんだなあ、と感慨《かんがい》深くなるが今はそんなときではないだろう。

「最初に言っておくが、これは鉄砲騎馬隊というある意味未知の戦法であることを忘れるな。十分に話し合いをしてきたが、全《すべ》ては机上《きじょう》の空論。実践《じっせん》経《へ》て昇華されたものじゃない。だから必ずどこかに落とし穴があると常に疑ってなお勢いをとぎらせるな。かなり難しい注文だがお前ならやれると信じてるからな」

最後にポンと氏郷の頭を軽くたたき、

「行ってこい！　武の一文字を思い知らせてやれ！」


『氏郷eyes』

「鉄砲騎馬隊は第一陣、放て!!」

――――ドンドンドンドンッ！


迫り来る武田の騎馬隊《きばたい》の射程外から一方的にこちらの種子島で蹂躙《じゅうりん》する。

その効果は抜群《ばつぐん》で、特に馬はその轟音《ごうおん》に酔って使い物にならず落馬する者が続出しているようだ。

基本的に騎馬隊はその馬の速度と馬蹄による歩兵の蹴散らしや、騎馬には槍《やり》を持って戦うため、遠距離《きょり》戦というものが苦手だ。

騎射というのもあるがこれは足を止めねばならず、更にはこちらのが射程距離が上なため、問題にはならない。


俺の役目はこうして鉄砲騎馬隊による敵前線の攪乱《こうらん》にあり、その後隊列を乱した所を本多隊、榊原隊による騎馬隊の突撃、山県までの道を作り出す。

その後平手家臣団の、父上の足軽隊が山県昌景を捉え敵将を討つ。

今のところは順調だ。

味方の士気も高く、今までは守勢に回ることしか出来なかった分、その鬱憤《うっぷん》を晴らさんとしているのだろう。

だが、

「一陣ボサッとするな！　第二陣に変わる！　陣形を入れ替えろ！」

予想以上にあの武田相手に一矢報《いっしむく》いたことから、半ば呆然とした騎手の手が止まっているのを見かねると、そう言って第二陣へといこうを催促する。

気持ちはわかるが、喜ぶのはすべてが終わってからでいい。

今は父上の言うとおり、常に警戒を怠らず、役目を遂行していくことが肝要なのだ。

考えている間にも、次々と発射される弾丸《だんがん》。

けたたましい音と共に武田兵へと吸い込まれていく。

第二射も始まり、武田軍の先鋒は更に乱れていく。

順調すぎるほどに、机上の空論が実証されていくのを目にしていくなか、俺の心のなかで、何かが引っかかっていた。

何かを見落としているような、何かが引っかかっているような……。

そんなことを考えていると、

「敵軍こちらの攻撃《こうげき》に耐《た》え切れず、敗走を開始しました！　散り散りに左右へと蜘蛛《くも》の子を散らすように！」

報告を伝えてきた兵は喜びを隠《かく》しもせず、歓喜《かんき》の表情でその報告を述べている。

気持ちはわかる。

俺だって信じられないような事実だ。

あの屈強な武田騎馬隊を、鉄砲騎馬隊という未知の戦法によってとはいえ、これほどに追い詰めることが出来るとは……。

「……あの武田が……！……」

「おお……見ろよあの情けねえ姿！」

「今度はこちらが逆襲《ぎやくしゆう》する番だ!!」

兵たちがその光景を見て、勝利を確信したかのごとく口角を上げている。

あの武田が背を見せて馬を走らせているのである。

無理もないだろう。

今にも追撃《ついげき》しそうな部隊を宥めながら、俺もその姿を追っていた。

だがその胸中は先程《さきほど》までとは比べ物にならないほど、警鐘がなっていることに気づく。

――――背を向けて？

――散り散りに四方八方に？

第二陣が撃《う》ち終わった後だったので三陣が陣形を取り、騎射を準備をしていた。

「ちっ、こう馬に荒らされちゃ砂埃《すなぼこり》で照準が合わせられねえ」

「まったく、悪運が強い連中だよ。このままの勢いで鉄砲騎馬隊の威力《いりょく》を見せてやれるものを…」

――砂埃で照準が合わせられない？

様々な情報で纏まり切らない俺に、

「氏郷、ここまで撹乱すれば俺達の役目は達成できたのではないか？　騎馬隊は四散。後は後ろに控《ひか》える本多隊、榊原隊に本陣《ほんじん》を急襲して頂き、山県への道を開いてもらうべきじゃないのか？」

副官にいてくださる利家殿《としいえどの》がそう提言してくださる。

そう、それこそが本来の目的だ。

鉄砲《てっぽう》騎馬隊の威力を見せつけるのが本来の目的ではない。

乱れた山県隊に騎馬隊を差し込めば、後詰めは足軽が多数いるため多くが馬蹄によって潰されるだろう。

確実な戦果が見込めるはずだ。

なのに…

——なぜ、こんなにも嫌《いや》な予感がするのか？

戦況は間違《まちが》いなくこちらに傾いている。

そもそも武田にこれだけ被害《ひがい》を与えたのだ。

策であったとしても犠牲が大きすぎる。

そもそもこの状況《じょうきょう》で一体どのような策を講じるというのだ。

鉄砲騎馬隊によって前線を崩され、待つのは本多、榊原の騎兵隊《きへいたい》による突撃。

確かな勝ち筋が見えているこの状況でいったい何が…

「戦況を見ろ、状況を見ろ、流れを読み取れ…」

師である竹中半兵衛の教えを反復する。

『指揮官たるもの情に流されるのは愚《ぐ》、冷静に戦況を把握し、近況《きんきょう》、状況を分析《ぶんせき》し、今何が行われて居るのかの欠片《かけら》を集め勝利の図面を描くのです』

戦況は極めて有利、状況は鉄砲騎馬隊によって前線を敗走、近況は逃げる騎馬兵は散り散りに、砂埃によって標準が合わず、鉄砲による追撃は不可能。

流れは徳川騎馬隊の投入の是非《ぜひ》を問う場面にさしかかり、鉄砲騎馬隊はこのまま後退し本隊へと合流を――――っ！

「――――ここかッ！」

一度気づけば後は状況が合致しているかを確かめるのみである。

砂埃によって見えづらかった騎馬隊の後ろ姿が見え始める。

一見無作為《むさくい》に動いているように見えて、武田騎馬隊は目的を持った撤退《てったい》をしているのが冷静に見ればよく分かる。

そもそもおかしかったのだ。

敵に背後を見せて敗走する時点で、鉄砲騎馬隊の存在を示唆していたことになぜ気が付かなかったのか。

何故《なぜ》なら鉄砲騎馬隊には追撃しても鉄砲を単発で撃ったあとの攻撃手段がない。

ならば背を見せても危険がないと判断されていたのだ。

そして蜘蛛の子を散らすような敗走は予《あらかじ》め各自予定場所への移動であり、だからこそその後退ではなく散り散りにバラけることに意味がある。

砂埃も隠蔽や鉄砲騎馬隊への少しでもの煙幕のつもりなのだろう。

そして俺達は今何をしようとしていた？

騎馬隊にて中央突破を図ろうとしていたのではないか？


散り散りになった兵を再編成して二部隊に分け左右へ配置。

中央にはもちろん山県昌景が居るだろう。

このままいけば中央の山県昌景に本多、榊原が突撃するだろう。

そしてそれを待ち構えていたかのごとく包囲し、更には別働隊の後方封鎖《ふうさ》の可能性も否定出来ない。

そう、これは平手と織田が穴山信君《のぶきみ》を討ち取った平手家の回し撃ちに続く待ちの戦法。

「――――釣り野伏《つりのぶ》せかッ!!」

平手家の戦法でありながらもこうも完璧に扱ってみせるのは、おそらく山県昌景の独力ではないだろう。

この作戦をなしたのは間違いなくかの攻め弾正《せだんじょう》と呼ばれ、信玄に二十年以上も支え続けた軍師。

「真田幸隆ぁ……っ！」

かの軍師が参戦してからというものこちらは後手後手に回ってばかりである。

ついにはこちらの戦法すら使い、逆手に取ってくる始末。

俺の中では最高の軍師は竹中半兵衛殿であるが、その評価がまさに覆ろうとしているのかもしれない。

軍師といっても守勢に強い、攻勢に強いなど様々な分野が存在するが、間違いなくこの真田幸隆は攻めという分類において竹中半兵衛殿を凌《しの》ぐ。

だがそれは経験の差でしか無い。

歴戦の猛者《もさ》に、平手からの軍師経験の半兵衛殿が劣《おと》るのは必定。

俺の師が真田幸隆に『器《うつわ》』で負けるはずがない！

それは俺が証明するしか無いだろう、『弟子』として！

「利家殿！　本多、榊原殿の騎馬隊に両翼《りょうよく》を作るように伝令を！　相手は釣り野伏せを使うつもりです！　ならばこちらも両翼を広げ包囲を防ぎます！」

「な…!?　釣り野伏せってお前…っ」

「鉄砲騎馬隊はこのまま待機。射程距離《きょり》に入ってくる敵がいれば撃って波状攻撃で足止めを！　決して距離を詰めさせないように、指揮は利家殿にお任せします！」

「ちょ⁉　おい！　何がなんだか…お前はどうするんだよ⁉」

そう言って踵《きびす》を返す。

見据えるは我《わ》が父上のいる本陣。

「敵はおそらく背後に武田四天王かそれに準ずる将を当ててきます。玉を取るつもりでしょう」

釣り野伏せは失敗の可能性も大きい作戦だ。

四天王なら間違いはないだろうが、それでも万全を期し織田、徳川を撃退するなら他にやりようはあったはず。

ではなぜこの策を使ったのか？

答えは簡単。

釣り野伏せは将を討つに最も適した策だからだ。

ようするに真田幸隆は平手久秀を討ちたがっているからこその一手なのだろう。

「鉄砲騎馬隊は撃ち終わった一陣だけ預かっていきます。弾《たま》込めを終えたら馬に乗れ！これより鉄砲騎馬隊第一陣は本陣へと駆《か》ける！　これは後退ではない！　気を抜《ぬ》くな！」

突然の命令に戸惑うものの、素直《すなお》に従ってくれる兵たちに感謝する。

やっぱり平手の兵はおおらかだな、と場違《ばちが》いな感想すらいだいてしまった。

「準備は終わったな？　行くぞ！　父上…ご無事で！」

4

「テメェ！　なんでここに⁉」

「ふん、兵法《ひょうほう》は常道だけではないということよ！」

突如現れた山県昌景率いる数百騎程《きほど》だろうか。

見事に背後をつかれ、強襲《きょうしゅう》されている最中だった。

なんだ⁉　意味がわからねえ！

鉄砲騎馬隊は成功を収めたんじゃないのか？

「オラァ！　よそ見してんじゃねえぞォ‼」

「ぐぁあっ‼　ってー‼」


――ガキンッ‼

獣のような男の槍の一撃《いちげき》は今までにないくらい強烈で、手がしびれたのも初めてだ。

なんだ⁉　コイツも山県昌景レベルなのかよ！

どんだけ将の層が厚いのか知らないけど、こんな将がこれ以上いるようなら相当こちらとしては不味《まず》い事態だ。‼

「っていうか攻撃する前に名を名乗れよ！」

「ハァ？　これから死ぬ奴に……、まァいいか。ワシは馬場信春《のぶはる》。武田四天王が火の将、侵略《しんりゃく》すること烈火のごとくってなァ‼」

「あ、どうもご丁寧《ていねい》に。　俺は平手久ひぃぃぃぃッ⁉」


キン、と甲高《かんだか》い金属音が、辺りに響く。

やはり尋常ではない威力だが、間一髪《かんいっぱつ》武一文字で受け止める。

人が挨拶し返そうというのになんて短気で失礼なヤツなんだ！

「俺の名前は山県昌景だ。武田四天王筆頭、山の将だ」

「お前に言ったんじゃねぇんだよ‼」

天然なのか計算なのか、ヤル気がゴリゴリ削られていく。

なんてやりにくい相手なんだ。

凸凹ってレベルじゃねえな。

「ったく、よくもまあ、四天王二人がこんな後方に現れるのかねえ。ウチの陣営《じんえい》はザルなのか？　セ〇ムしてるのか？」

目の前で敵対してるのは山県昌景、馬場信春率いる数百騎。

一応俺の方は親衛隊みたいな百人しか連れてなくて、伝令は出したが間に合うかどうか。

っていうか来た所で太刀打ち出来るかどうか。

この数百騎、親衛隊クラスのメッチャ手練くさいから同じ数だけ来ても瞬殺コース間違いない。

「っつーか本陣はどうしてるんだよ。お前らがこんなところにいちゃ指揮とる奴なんていないだろ？」

俺の言葉に山県昌景は口角を上げると、

「さて、どうなっているのやら」

すげーウザい！

確かに敵にペラペラ情報しゃべるやつなんか漫画の世界にしかいないけど！

くそ、こうなったらコイツラに関わってる暇《ひま》はないな。

ちなみに増援《ぞうえん》に数十人来たけど、俺を助けに来る前に親衛隊にやられちまった。

直接手は出してこないけど、俺が逃《に》げようとすれば邪魔して、割り込もうとする奴も邪魔する最高にイカれた親衛隊だよ畜生《ちくしょう》！

「――――隙あり！」

山県の一撃が、注意がそれた瞬間《しゅんかん》に膝《ひざ》へ突《つ》かれる。

チートボディのお陰で傷はないが、バランスを崩《くず》して無様に転がってしまう。

「オラァ！」

馬場もその隙を逃さず追撃で俺の首を飛ばそうと突いてくる。

「!?」

俺は咄嗟に首ではなく『顔をガード』する。

あぶねえじゃねえか！

「…？」

くそ、怪しんでやがる。

今まで上手《うま》く『隠してた』んだが……さすがにバレたかなこれは？

「ふん、どういうカラクリかはしらぬが、そう考えてみれば納得《なっとく》できるな。貴様の不死身ぶりも」

「オイオイ、不死身はワシの代名詞だぜ！　まァいい、またとない好機だ、一気にやっちまおうぜェ」

「クソッタレ……っ」

ジワジワと二人が間合いを詰めてくる。

人生最大のピンチだ。

さすがに『死ぬ』かねこりゃ…。

「はぁ!!」

「つぁりゃ！」


――ガキンッ！　ガンッ！　ゴンッ！


様子見の間合いから凌ぎ合いによる槍の交差。

才蔵に指南してもらっただけあって、少しは打ち合えるようになったが、このレベルの相手だと付け焼刃だ。

「くっ！」

ついに体勢を保てなくなって来て、狙《ねら》いすましたように、

「ワシ達二人相手によくやったぜ。だから……」

「────!?」

間違いなく不可避の攻撃。

これを食らえば間違いなく俺は死ぬ。

クソッタレ…ここまでか……!!

その時、俺は初めて運命ってやつを信じたように思う。

だって都合がよすぎるんだもんなぁ。


「父上ェェーーーッ!!!」


とどめを刺そうとした鬼美濃《おにみの》に勢いそのまま凄《すさ》まじい一突《ひとつ》きを放つ。

さすがの鬼美濃もその攻撃を避《さ》けることが出来なかったのか、左肩《かた》を貫《つらぬ》く一撃を氏郷から食らったようだ。

肩を抑え動きが緩慢になった馬場を尻目に氏郷はそこで止まらず、

「鉄砲騎馬隊、構え!!」

数十機連れてきた鉄砲騎馬隊が騎射《きしゃ》の体勢に入る。

その標的は、山県昌景、馬場信春。

氏郷は一切《いっさい》の躊躇なく、

「撃てぇ!!」


――――ダンダンダンダンッ!!


「ぐう……ッ!」

其処《そこ》に立っていたのは山県昌景を片手で押し倒《たお》し、庇《かば》うように銃弾《じゅうだん》に撃たれた馬場信春の姿であった。

体中に穴が開き、もはや致命傷である。

「ご……っ!」

吐血で口元が真っ赤に染まる。

だが口の中の血を飲み下し、口元を拭う。

そして何事もなかったようにフラリと立ち上がり、

「………親衛隊、山県を二俣城へ…」

そう言って、方天画戟のような槍を軽々とこちらへと向けるのであった。

「しかし、馬場殿は…っ」

「…………ワシァ、不死身の鬼美濃よォ。鉛玉などで、くたばるわけ無い……だろォ、が…」

言葉だけを聞けばそうだが、顔は蒼白で、今にも倒れそうな出血量だ。

もはや生きているだけでも奇跡に近い状態であった。

しばらく親衛隊は悩《なや》んだが、山県を逃がすことを優先したのかその場を去っていく。

その姿を眺めながら、どこか満足気に口角を挙げた。

「……さァ、続きを、しようか…」

「おい…その傷で無茶《むちゃ》は――」

「――応。平手氏郷、お相手仕《つかまつ》る」

俺《おれ》の言葉を遮るように氏郷が俺の前に出て槍を構える。

その言葉を聞き、カカと笑うと両者は相対する。

俺はそれ以上言葉を挟《はさ》むことは出来ずに、黙《だま》って間合いから身を離した。

俺の迷いに気づいたんだろう。

だから氏郷はいち早く鬼美濃との決着に踏み切ったのだ。

もうこの時点で生き延びる術はない。

死ぬ間際に願うことは一体何なのか。

それは子供に看取られることを望む者、静かに息を引き取りたい者色々居るだろう。

武田四天王・火の将、馬場信春。
不死身の鬼美濃と呼ばれた彼《かれ》は戦に生き戦に死を求める者に出会ったというだけのこと。

――そう、ただそれだけのことなのだ。

5

元亀《げんき》三年（一五七二年）
浜松城にて馬場信房を討ち取った功績をたたえ、平手家で祝勝会を開く
といっても氏郷が祝勝を辞退し、馬場信春の首を丁重《ていちょう》に弔《とむら》い死を悼《いた》みたいとのことで、
酒は飲みはしてもいつもとはまた違ったテンションの飲み会である

「素晴《すば》らしい武人だったな。結局は幸隆に踊らされて嵌められたが、俺の頑丈《がんじょう》さだけは想定外だったようだ」
「そうですね。久秀殿《どの》以外の総大将では間違いなく山県、馬場の両四天王に討ち取られて

いたでしょう。まさか久秀殿を討ち取るのみに武田最強の矛《ほこ》を使ってくるとは思いもよりませんでした」

そう言って半兵衛は何度目かになるため息を付いた。

祝勝会とはいっても実際は負《ま》け戦《いくさ》であることは誰《だれ》の目にも明らかであるからだ。

結果、氏郷が機転を利かせていなければ俺は死んでいたし、そもそも氏郷が間に合ったのだって俺がチートで死ににくい身体を持って猛攻に耐えていられただけのこと。

戦術的には大敗といって良い結果である。

「しかし氏郷、お前良く相手が釣り野伏せを使ってくるとわかったなぁ。俺なんていきなり背後から回りこまれ急襲されたから何が起こったかなんて終わってからだったぞ？」

あの時の編隊は鉄砲騎馬隊《てっぽうきばたい》、騎馬隊、足軽隊の順だったから俺は最後方の総指揮官だったわけだ。

当然半兵衛達もいたが彼等を逃がすくらいの力は有してるし、伝令に走ってもらっていた。

ま、才蔵と宗厳を護衛に付けたから滅多なことはないとは思っていたがね。

いくら技術があっても死ぬときは死ぬ。

どんなに気をつけても流れ弾に当たることだって否定出来ない時代に移ってきているの

だ。

「最初は上手く行ったと確信をしていました。でもどこかで冷静になる自分がいたんです。半兵衛殿が日頃《ひごろ》おっしゃっていた『戦況《せんきょう》を見ろ、状況を見ろ、流れを読み取れ』という言葉を自身に当てはめて考えるとどうも武田の様子がおかしいと思い始めて…」

「ほぉ…おかしい、ですかな？」

弾正が意外そうに口を開く。

何か思うところでもあったのだろう。

「まず、敗走するときに散り散りに背を向けました。武田軍相手に奇策とはいえ背を向けてというのはいかにもおかしい。なぜ追撃を危惧《きぐ》しないのか。騎馬が抜ければその穴にこちらに騎馬が差し込まれる状況だというのを理解できないとは思えない」

「一介の兵士だろ？　戦場で背を向けるのはよくあることなんじゃないか？」

利家がそう言って、手に持った盃を、馬場信春の首が丁重に保管されている桶に向かい乾杯《かんぱい》をした後一気に飲み干す。

「いえ、アレほど戦を繰《く》り返《かえ》した武田兵が、種子島の猛攻にもそろそろ慣れ始める頃でもありますし、ゆえにそこに罠《わな》を感じました」

「罠、と」

「はい。背を向けるのは鉄砲騎馬隊の特性である単発式であることを理解していたのではないか。そして都合よく逃げるフリをして全力で配置へ付き両翼を作り釣り野伏せの準備を完成させる。その際逃げる兵に紛れて山県、馬場隊は逆に背後に回りこみ大将首を狙う」

そう言い切ると氏郷は乾いた口を潤《うるお》すように盃を口にする。

俺はそれを見ぬく氏郷もそうだが、真田幸隆も武田の兵の練度も半端《はんぱ》ないと思わざるをえない。

裏の裏は表であり、裏の裏の裏は裏みたいな心理戦で、如何《いか》に効率良く兵を運用して如何に最小限に犠牲を抑え、如何に最大限の効果を得るか。

――ハイリスクハイリターン。

半兵衛はどちらかというとリスクマネージメントの上手い、負けない軍師である。

相手の心理という眼《め》に見えないものを極力省き、リスクを回避し、リターンを得る。

結果収支はプラスとなる、そんな策を考える軍師だ。

その勲等《くんとう》を受けた氏郷がどうしてこんなアカギも真っ青な心理戦でざわ…ざわ…するようになってしまったんだろうか？

でもそう考えると幸隆も相当ざわ…ざわ…だよな。

敵一人のために四天王二人動員してるんだから。

しかも鉄砲騎馬隊を使うと確信しての動員だったしなぁ。

でも今回の馬場信春の戦死はさすがに予定外だろう。

俺達《おれたち》からすればヒヤヒヤものの戦況だったが、味方からすれば作戦は失敗し、四天王を失ったのだから。

武田信玄とは二十年来の付き合いだと聞く。

軍師を降ろされる可能性は低いかもしれないが、否定出来ないところだ。

っていうか是非とも降ろして欲《ほ》しい。

真田幸隆と戦うのってなんか神経使うっていうか独特の緊張感《きんちょう》があるんだよな。

そもそも弾正が一回見せただけの鉄砲騎馬隊の騎射を次の戦場で活用するだろうと予測し、更《さら》にはそれに対抗するようにこれまた一回しか使ってない釣り野伏せの特性を把握して見破るわ、逆に仕掛《しか》けてくるし…どんな脳みそしてるんだろうな？

間違いなくチートじゃなかったら死んでるしな、俺。

俺が思い出し武者震い（？）をしていると氏郷が考えこむように、そして口を開いた。

「でも、少し引っかかるところがあるんです」

「引っかかる所？」

「ええ、釣り野伏せの両翼を作り中央に配置されているのは山県昌景だと思っていましたが、父上の言う話だと馬場信春とともに後方へ回ったと」

「あ、ああ。確かに山県は馬場と一緒《いっしょ》に強襲してきた。これは間違いない」

そう答えると氏郷は少し考えこむようにした後、

「じゃあ『誰が中央で壁《かべ》を作り両翼を広げ釣り野伏せを指揮した』んですか？」

「―――！」

確かに言われてみれば…。

「指揮官もおらずアレほど見事な両翼は作れません。しかも両翼中央ですよ？　一人では足りない。二人もしくは三人」

「……おいおい、じゃあああの戦場には四天王や武田信玄、真田幸隆がいた可能性があるのか？」

「其処まではわかりませんが、馬場信春殿が居た以上、誰が居ても不思議ではないですね」

「うーん。半兵衛、わかるか？」

話に没頭《ぼっとう》していたのか、話しかけられるとビクリと肩を揺らす半兵衛。

半兵衛がわからなきゃお手上げだな。

いや、弾正とか意外な視点で物事を見てくるからな。

「いえ、ぼうっとして申し訳ありません、では、僭越《せんえつ》ながら…武田信玄、真田幸隆はないでしょう。高天神城は要所。徳川殿が今か今かと睨《にら》みを利かせておるため、兵はともかく将は割けますまい。結局本多、榊原隊の突撃《とつげき》がなかったのでわかりませんが両翼を広げあった両者は矛を交えており、ここでは五分の戦いを演じています。両名相手に軍団長なしではいかにも不足。四天王級が二人、中央にも軍団長を配置せねば如何にも博打《ばくち》な策。今の武田でその役目を果たせる将は…」

半兵衛は考えるように顎《あご》に手を添える。

「誰なんでしょうか？」

全員が一斉《いっせい》にコケる。

答えを出してくれると期待していたところに見事外してくれた形だ。

でもまあ、考えても仕方ないわな。

武田四天王を一人討ち取ったんだ、こちらの価値という結果は変えようがない。

「残るは山県昌景、高坂昌信、内藤昌豊《ないとうまさとよ》か」

馬場信春を討ち取った今、残る四天王は三人のみ。

風林火山の火が無くなったんだから、山、林、風の三種類なんだが…。

「山は不動、どっしりと構え揺らぐこと無いって感じは山県昌景を見てわかるし、風は高坂昌信のあの神速の騎馬隊の統率《とうそつ》だろ？　釣り野伏せを塞《ふさ》ぐ時の隊の速さは凄《すご》かったからなぁ」

「あっという間に抜かれて塞がれましたからね。本人の武芸も凄まじいものがありましたし、ある意味部隊戦となれば馬場信春より厄介《やっかい》な相手なのかもしれません」

速いっていうのはそれだけで武器だからなぁ。

何をするにも先手を打てば、何事も有利に運ぶ。

速いだけじゃなくて、強いし馬の扱《あつか》いが上手いからな……どっかのキ○肉マンかよ。

「となるとさいごは内藤昌豊だが…林って一体何を意味するんだろうな？」

「徐《しず》かなること林のごとし、ってことは戦場にて静かってことは伏兵《ふくへい》何じゃねえのか？」

利家の言葉はもっともだが、伏兵専門の部隊っていうのが四天王ってのも冴えない話だ。

使う方としても使いづらくてしょうが無いし、そもそも伏兵部隊にそんなだいそれた称号は必要ないんじゃないか？

いや、伏兵を馬鹿《ばか》にするわけじゃないけど。

「内政系とかじゃないでしょうか？　国が静かなること、林のごとしっていうのは理にかなってませんか？」

継潤《けいじゅん》が我が意を得たりと発言をする。

「あれ、継潤？　なんでここにい……あ、ああ。いやぁ、それも一理あるよねッ！」

「ちょっとォォォォォ!!!　なんで僕がいちゃいけない雰囲気《ふんいき》になってるんですかァァァァ!!」

怒《いか》り狂う継潤。

いやぁないがしろにしてたわけじゃないんだけどね。

仕事もきちんとやってもらってるし。

ま、こんな騒ぎが起こったということでシリアスはお開きとなり、恒例《こうれい》の飲み会へと姿を変えるのであった。


『Another eyes』


「交戦とはなりませなんだな」

「ふ、さすが音に聞く武の一文字よ。種子島とやらの威力、こちらの想像をはるかに超《こ》えておったわ」

「あの機転も見事でした。しかし種子島に馬が怯《おび》えるというのは聞いておりましたがコレほどとは…」

「元来臆病《おくびょう》な生き物なのだ馬というのはな。それを無理やり戦場へ送り出《だ》す我らにそれを責めるなどあってはならん」

甲冑《かっちゅう》を脱ぎながら、そう語る男。

「しかしあの信玄がこうまでてこずる理由がわかった。少々厄介だなあの小僧《こぞう》は」

「小僧…ですか？」

「ああ、お前も見たろう。誰よりも先陣《せんじん》に立ち、まさに威風堂々。冷静に状況を判断し即《そく》断即決の行動力。私の狙いを読んだのかは知らないが鉄砲騎馬隊とやらを牽制に三分の二は残していきおった。アレがなければ我が刀にて織田、徳川を両断してくれたものを」

苦味を感じさせる言葉だが、口調はひどく楽しげであり、これからの成長に期待しているフシすら感じられた。

「しかしこの提案を信玄が飲むとは思わなかったな。願わくばもう一戦し刃を交わしたかったが…」

そう言って名残惜しげに浜松城方面を見据えるが、暫《しば》し後馬を返す。

「乾坤一擲《けんこんいってき》、か。信玄……いや、真田幸隆よ。『武の一文字』に気を取られすぎたな。老いてなお麒麟《きりん》であることに感服はするが、若き力はたしかに育っておるようだぞ」

最後に高天神城方面を見て苦笑《くしょう》する。

「槍《やり》や刃にて、力と技にて勝敗を決する時代は過ぎたのやもしれんな。…………おそらくもう二度と会うこともあるまい。――――さらば宿敵よ」

そう言って男は馬の嘶《いなな》きとともに地を去っていった。

第五章　《三国同盟》

1

元亀三年（一五七二年）　鬼美濃《みの》討ちからの翌日
浜松城《はままつじょう》にて軍事評定

「私はこれを機に二俣城《ふたまたじょう》 攻城戦《こうじょう》を提案いたします」

評定が始まって開始早々本多《ほんだ》正信《まさのぶ》殿《どの》が口を開く。

あまりの唐突さに、俺達織田《おだ》家はポカーン状態だ。

とりあえず、俺は織田家代表としてこの場にいるので、その真意を聞いておかねばなるまい。

「二俣城を落とすと言われましたが、一体どんな策を用いてあの城を落とすつもりなのですか？」

「此度《こたび》の戦いで相手は馬場《ばば》信春《のぶはる》という武田《たけだ》四天王の一角を失いました。不死身の鬼美濃と呼ばれた猛将《もうしょう》が死を迎《むか》えたとなれば、兵に動揺は避けられますまい。もともと六千という兵数で何戦もして、死傷者数もかなりの数になっております」

まあ、たしかに元々三万を一万八千、六千、六千に割り振《ふ》った兵数だったしな。

将兵も少なからず疲弊してるし死んでいるだろう。

対する織田、徳川《とくがわ》は鉄砲という武器の回し撃ちで、籠城《ろうじょう》戦でのキルレシオは相当な数字になっているはずだ。

野戦を仕掛けた先の戦も兵の損害という面を見れば五分五分だろう。

だがそれだけで攻城戦はちとやり過ぎではないか？

そう思ったのは俺だけではなく弾正《だんじょう》もそうだったようで、

「攻城戦と簡単に申しましても、そも三倍の兵を要すると言われるほど攻城は難しいもの。士気が落ちているであろう、兵数が少なくなっているであろう…いささか戦に踏み切るには希望的観測が多いのではないですかのう」

ひょうひょうと語るジジイに正信殿より俺のほうがイラッと来たが、正信殿は表情を変えず、

「そうたしかに弾正殿の言うとおり、今挙げた全《すべ》ては憶測。だが一つだけ確かな不足があ

ります」

そう言って正信殿は口角を上げる。

「『兵站《へいたん》』です」

「――――！　そうか！　あれだけ戦を起こしているのなら槍も矢も馬も兵糧《ひょうろう》とて消費している！」

「そして何より武田が農繁期《のうはんき》に戦を起こし高天神城《たかてんじんじょう》を落とした奇策。見事でしたがこれは北条《ほうじょう》の資源の供給を当てにしてのもの。自らが欲しいままに使えるものでもなく、交渉、運搬等の手間がかかる。しかも今は同盟を組んでいても元は敵国でもあり、鬼美濃を失ったことで劣勢《れっせい》に立ったと言わざるをえない武田は、兵站の交渉に手間取るはず」

そうか、高値で売れるときに売るのは商売の基本だし、もし武田がこのまま負ければ織田が隣接《りんせつ》するからこそ、それを防ぐために三国同盟で武田の地での決戦を望んでるんだよな。

そうなると打つべき手が増えてくる。

「すみません、話の途中《とちゅう》で割り込んでしまうのですが」

徳川方が話し合ってる中、空気を読まず俺が話しかけるとちょっと嫌《いや》な顔をされた。

少しショックだったが、まあいい、本題に入ろう。

「徳川殿は仮に武田を討ち滅ぼした後、北条を狙いますか？」

俺のその質問に家康《いえやす》殿は少し悩み、

「いや、和睦《わぼく》を結ぶ。武田信玄《しんげん》、武田一門を打ちとってなお、あの地を平定するのは時間がかかるだろう。その間を北条に攻められてはたまらんからな。和睦を結び時間を稼《かせ》ぐだろうと考える」

「ふむ、そうですか…」

もともと北条と戦う理由はないし、元将軍命令で兵站を担っているだけだしな。

後々の禍根《かこん》としては弱い。

ならばいっそ発想を逆転させてみるのもいいかもしれないな。

「武田が兵站に苦しんでいるのはわかりました。北条もそうそう武田に対して良い感情はない。ならばここで…」

俺はニヤリと笑《え》みを浮かべた。

「織田、徳川で西を、北条で東を挟んでしまうというのはどうでしょう？」

「なかなか無茶を言いますね」

評定が終わって半兵衛《はんべえ》の口にした開口一番の言葉である。

いやぁ、そうはいっても武田は盟約破りの常連だしなぁ。織田、徳川は歴史のある同盟だし、浅井《あざい》に裏切られそうになったことはあっても、表立っていないので盟約破りなど無い犯罪歴は真っ白である。

そして今のこの状況《じょうきょう》、北条が兵站を負担しなければ武田は間違《まちが》いなく貧困し、高天神城、二俣城、掛川城《かけがわじょう》のいずれかを放棄《ほうき》せねばならなくなる。

いずれ北条も武田か織田、徳川を相手にしなければならない。

別に織田は従属という形を取ってくれれば相手を滅ぼしたりはしていない。

しかも相手が北条となれば同盟関係も考えられる。

徳川殿も和睦を結ぶって言ってたし、いい案だと思うんだがなぁ。

「確かに武田は北条にとって目の上のたんこぶ。取れるものなら取ってしまいたいでしょうが、そううまく行くものでしょうか?」

「そうさなぁ。俺の独断で決められることじゃないから、信長《のぶなが》にちょっと話をしてみるわ。……文じゃ時間がかかるな、馬で行くか!」

そう言って厩《うまや》へレッツゴーである。

『半兵衛eyes』


「はぁ……」

我《わ》が主は荒唐無稽《こうとうむけい》な人だとは思っていたがここまでだと思っていなかった。

思い立ったら直《す》ぐ様行動。

即断即決の人物である。

どちらかというと私はあらゆる点を鑑《かんが》みて短慮《たんりょ》を避ける節があるため、行動が遅《おく》れがちな部分がある。

それは思慮深いともいえるし、優柔不断とも取れる境界線であろう。

即断即決にしても短慮で身を滅ぼした例は数知れずあり、これもまた一長一短の部類なのだろう。

彼《か》の御仁《ごじん》に付き添い始めてからどれくらいが経《た》っただろうか。

これだけ長く一緒にいるのに、驚《おどろ》きや新鮮《しんせん》さというものがあの方と居《お》ると途切《とぎ》れることがない。

武辺の者かと思えば思慮深いところもあり、身内に甘《あま》く、情に厚い。

羽柴秀長殿《はしばひでながどの》と私は筆頭家老、次席家老であり平手家《ひらて》の全件を任されているに等しい。

氏郷殿《うじさと》や継潤殿《けいじゅん》が間違いを犯すとからかうくせに、私や秀長殿が間違いを犯すと珍《めずら》しいものを見た顔で感心し、いいものを見たと笑って去っていくのだ。

くったくのない、邪気のない笑顔《えがお》でである。


普通《ふつう》上に立つ者は自分より優秀《ゆうしゅう》な者を自分の下に置きたがらないものだ。

自分にできないことを人に任せるということは、思っている以上に難しい。

任せたとしても途中経過を幾度もはさみ、経過を知ろうとするだろうしそれは当然といえるだろう。

だが久秀殿《ひさひで》の場合は、すべて丸投げである。

コチラが聞きに行っても寝たふりをしたり、キミに一任するとか意味の分からない威厳《いげん》をもたせているのだろう言い方で要は丸投げするのである。

秀長殿も同じようでまるで助言にならなくて困るとため息を漏《も》らしていた。

だがそのお陰で私は以前より柔軟《じゅうなん》に幅広い知識を手に入れたと思っているし、秀長殿や他《ほか》の官僚との繋がりもより深いものになっていると感じている。

『上が働かないから、仕方ないから私達《たち》でどうにかしてやろうじゃないか』

端的に言ってしまえば、私竹中《たけなか》半兵衛は、平手久秀をこう評価しているのである。

――人を活かす天才であると。


かの弾正と茶を飲んで談笑している姿なんかを見てると特にそう思う。

よくもまああの癖の強い弾正殿が平手家でおとなしくお茶を飲んでいるものである。

まあ私も色々な経験談を聞かせて頂き、勉強にはなっているのだが。

……あの本だけはさすがに目を通せなかったが。


「ふむ、武田を北条と我らで挟む…か」

「少なくとも兵站の供給を止めてもらえるだけでもいい。武田は今疲弊している。高天神城の基盤《きばん》が整うまで信玄は遠江《とうとうみ》を動くことは出来ない。ここで兵站を維持《いじ》できなければ武田はこの冬を越せないい」

唯《ただ》でさえ戦続きで、高天神城の海上運輸の基盤づくりにも着手している。

兵站や資源が手に入らないとなればこれほどのダメージはないだろう。

「北条と組むのはいいが、果たして奴《やつ》らが首を縦に振るかな」

「え？」

「考えても見ろ、竹千代《たけちよ》は和睦を結ぶといったが、それは織田と徳川が武田に勝利した場合であろう？　そこに北条が手を貸すとなれば、それなりの利を要求するのは自明の理だろうが」

「あ…」

そうか、兵站が供給されなければ武田は負ける。

ならその兵站を止める北条にも利がなければ動くはずがない。

となると焦点《しょうてん》となるのは武田の領地の分割か？

なんか取り合って喧嘩になりそうだな…。

「というわけで、ここで北条をかませるのは得策ではない…が、一つだけ手はあるな」

信長はニヤリと笑い、

「甲相越《こうそうえつ》三国同盟が組めたのだ。織田と徳川と北条の三国同盟が組めたとしても不思議ではあるまい」

「………」

その発想はなかったわ。

「そもそも俺は武で天下を収めようとしているわけではない。各国が互《たが》いに攻《せ》めることなく、中央に要人、兵力を集め、各地にはしっかりと防衛機構も作って治め日本という一つの国にしようというのだ。好戦的で言うことを聞かない奴はさすがに排除させてもらうがな」

おお、民主主義的で俺としては馴染《なじ》み深いな。

ただ軍人をトップに添えるとろくなことにならず、絶対暴走するから、シビリアンコントロールだけは注意しておこう。

そんなことを考えているうちに話は変わっていたようだ。

「で、誰が使者としていく？　ある程度俺の構想を理解している人物といえばお前だろうが…なんか不安だな」

「失敬な！」

俺も不安だが！

「だが半兵衛、秀長が抜《ぬ》けるのは如何にもマズイ。………ああ、行きたがる奴が居るな、そういえば」

俺も同じ人物を想像したに違《ちが》いない。

絶対首を突っ込んできそうだ。

「正直今は人手が足りない。お前のところに細川藤孝《ほそかわふじたか》がいるが外交と社交性に優れていると聞く…同行させたいところだが」

秀長と半兵衛の胃痛がマッハだな。

でもこれを機に継潤も一皮むけてもらうチャンスかもしれんな。

氏郷がズル剥けになっちゃったもんだから、継潤にも期待がかかるんだが……。

「……どうした？」

「いや、俺と弾正、藤孝で行こう。藤孝は多才で武芸も嗜《たしな》んでいるし、道中の用心棒にもなるだろう。後は平蜘蛛《ひらぐも》、九十九茄子《つくもなす》でも持ってってお茶でも楽しみながら談笑してくるかね」

「………たく、お前というやつは」

そう言って、ガサゴソと棚を漁《あさ》り始め、目の前にポンポンと並べていく。

俺から見ると唯の茶器なんだが、信長がこうやって出したということは国が買えるような値打ちのものなんだろうなぁ、

「弾正が九十九茄子……は持っていくかどうかは知らんが初花肩衝《はつはなかたつき》は持っていくだろうな。藤孝は平蜘蛛釜だろうから、お前も何か箔《はく》をつけるために持っていけ。そのまくれてやる」

「くれてやるって…さぞお高いんでしょう?」

通販風に尋ねてみると、

「まぁ官位は余裕《よゆう》で買えるくらいの値段のものばかりだな」

「うげ…」

相変わらずの値段設定だ。

百円ショップでも買えそうな物ばかりだというのになぁ。

時代の進歩っていうのは風情をなくすのかねぇ。

「なんかどれもピンと来ないなぁ、他にないかぁ?」

「あ、コラ!」

俺が勝手にガサゴソ探していると、

「おお!? これなんかいいじゃん。これにするよ」

漆黒に塗られた黒の艶のある、現代にも馴染み深い形の抹茶茶碗って感じの一品。

見れば見るほど趣《おもむき》があって良いなぁ。

「まぁ構わんが…それはあまり値打ちのものではないぞ?」

「いいんだよ、俺はなんかこの黒の艶がある形が気に入った、これで普通の茶でも飲もうかなあ」

「……まぁ気に入ってくれる分には構わんのだが…」

そう言って俺はお気に入りの茶器を手に入れた！


『余談』


「おや、茶碗は……!?」

「お、弾正か？　いいだろ？　なんか渋くて」

「す、素晴らしいィイ!?」

「はぁ!?」

「この艶は一見派手を主張しているようで侘《わ》び・寂《さび》を失わせておらぬぅ!?　ワシは今、初めて侘び・寂の世界に触れたのかもしれないいぃいぃ!!」

「ついでに気も触《ふ》れていそうだけどな」

結局興奮した弾正は一頻《ひとしき》り茶碗を眺めた後、勝手に『黒楽大黒』と名前をつけてはしゃいでいた。

2

元亀三年（一五七二年）
交渉のため北条領に訪れた、小田原城《おだわらじょう》の門前にて

「おお、これが天下に名高い小田原城にござるか。さすがのひとことですなぁ」

さすがの弾正は緊張のきの字もないが、期待のきの字ならあるのだろう。

かつて乱世の梟雄《きょうゆう》と呼ばれたこのジジイも、今やはしゃぎ切った迷惑《めいわく》なジジイにすぎず一緒に随伴してきた細川藤孝と共に苦笑いする。

「でもほんと凄い城だよなぁ。見ろよ、場内に田園まであるぞ。籠城《ろうじょう》されたらどうしようもないなあ」

背後は八幡山《はちまんやま》で正面からの攻撃《こうげき》にしか警戒《けいかい》をすることがない。

何故《なぜ》ならそのメチャメチャでかい直径数キロメートルの土地が、十メートルくらい高い自然要塞のような高さにあるということだ。

たしか秀吉《ひでよし》もこの城を落とそうとして、結局は落とせなくて包囲するしかなく、包囲しても自給自足ができるもんだから小田原評定っていうフワァ〜とした評定で解決したんだ

っけな（そんなに詳《くわ》しく覚えていない）。

「確かに攻め口に見つからぬ城ですな。城下町ごと天然の堀で囲んだとんでもない大きさの城……ここに住む住人は戦に怯えることなくすごしていることでしょう」

「だなぁ」

聞いた話だと、四公六民っていう四割が税金で残りが給料っていう賃金体系らしい。

いや、ぼったくりだろ！　って思うけど、それがこの時代では奇跡みたいな低水準なんだよ。

武田で五公五民だったたか？……今は戦時中だからもっと酷いかもしれんが。

織田でもあの経済力を背景にしても四公六民は達成できていないんだ。

それが如何に凄いことかわかっていただけると思う。

そのかわり織田は兵農分離《ぶんり》、楽市楽座、政教分離だって行っている。

今はまだ政教分離は花開いていないが、これは織田信長最大の功績とも考えられるモノで、政治と宗教を切り離すという行為《こうい》が後の日本に如何に影響《えいきょう》を与《あた》えたか。

豚を食べたら駄目《だめ》、五体投地で巡礼、腐った大司教がやりたい放題など宗教というのは人をがんじがらめにする割には、上の方は自由奔放というまさに外道なモノなのである（主観交じり）。

ただまあ、政治に口出しをしない、その権力を乱用しない宗教には比較的甘《ひかくてきあま》く、ルイス・フロイス、ザビエルなど様々な宗教関係者と縁《えん》を結んでもいる。

そういう取捨選択《せんたく》の旨さというのがアイツの持ち味なんだろうね。

「まぁ、とりあえず使者で来たことは伝えてあるし、呼ばれるのを待つしか無いなあ」

「いやはや、こうして風流な景色と立派な城を見ているだけでもワシは満足だがのぅ。ただワシならもう少し遊び心や雅《みやび》さなどを演出しますかなぁ」

「そういや弾正って築城の名手だっけか。よし、今後築城の機会があったら押《お》し付《つ》けてやる」

俺《おれ》の嫌味に苦笑いを一つ返すと、

「……口は災いの元ですなぁ」

そう言ってこの見事な景色を三人で眺《なが》めるのであった。

小田原城内

評定の間にて

「さて、ワシが現北条当主、北条氏政《うじまさ》である」

その返事ののち、できるだけ威厳を持って俺は答えた。

「織田家家臣、平手久秀にございます」

「！………かの武《ぶ》の一文字《いちもんじ》殿自らが使者となってこの小田原城へ来られるとは、さすがに噂《うわさ》に名高きおかたであるな、勇気ある行動感服いたした」

「恐縮です」

噂に名高きってほとんど半兵衛や秀長のおかげだけどな。

っていうか俺はチートだから死なないし、とくにこういう敵地への少人数での潜入（？）っていうのには忌避《きひ》感はない。

「してその後ろに控《ひか》えているお方々は？」

促された為《ため》、まずは藤孝が先に口上を述べる。

「平手家家臣、細川藤孝と申します」

そう言って一礼した後、次は弾正が口上を述べる。

「平手家にて御伽衆《おとぎしゅう》をさせていただいております、千宗易《せんのそうえき》と申します」

そう言って一礼する。

嘘《うそ》こけ、松永《まつなが》弾正久秀めが。

「では今度はこちらが紹介《しょうかい》せねばならぬな。コチラが北条氏康《うじやす》、我が父にてござる」

――北条氏康。

相模《さがみ》の獅子《しし》と恐《おそ》れられた、その民政手腕、政治的手腕もさることながら、武将としても相当の腕を持つとされている。

数度戦を経験をしたらしいが、見事な指揮で一度も負《ま》け戦を経験していないという。

って、まあここらへんは伝聞による大げさな風聞になっている可能性も否定出来ない。

ただ言える事実は決して凡愚《ぼんぐ》などではなく、その風格は当主の座に座る氏政より余程《よほど》警戒《けい》《かい》に値する人物だといえる。

その証拠にコチラを見る目はまさに獅子に相応《ふさわ》しい、俺の出会ってきた戦国の猛者《もさ》特有の風格を持ち合わせている。

織田信長、羽柴秀吉、徳川家康、斎藤道三《さいとうどうさん》……まぁもはや認めたくないけど松永久秀等《ら》の将の将たる器を持っていることが窺《うかが》える。

正直な所、内政の人かと油断していた部分があるんだが、かなり、大幅《おおはば》に見くびっていたことを認めざるを得ない。

くそぅ、「信○の○望」って有名大名は皆《みな》ステータス高いから北条氏康も過大評価だと思ってたらこの有様だ。

もう未来知識なんかに頼《たよ》るもんじゃないね、ホント。

「そしてコチラが北条幻庵《げんあん》。北条のご意見番といったところだ」

出たよ、戦国のシーラカンスこと北条幻庵。

たしか北条早雲《そううん》の息子《むすこ》で今もなお生きているんだよな。

この人も油断できない人なんだろうが。

っていうか今何歳《さい》なんだ？

この時代人生五十年なのにその倍くらい生きてそうだぞこの爺《じい》さん。

「さて」

ひと通り紹介が終わったと見たのか、氏政が一つ合いの手を入れ場を引き締める。

瞬間《しゅんかん》、空気が冷えたような錯覚《さっかく》を起こした。

さすがに威厳というものは持ち合わせているようで、一瞬《いっしゅん》で空気を変えてみせる氏政。

「対外的には武田と協力している我ら北条に、護衛一人でかの平手当主、『武の一文字』を使者によこすというのは実に興味深い。一体どんな話があるのかを聞いてみたいものだな」

『対外的』にね。

要はこっちも多少不本意であるということを言外に意味しているのか、さてはたまたまの言い回しか。

過去幾度も小競り合いを繰《く》り返《かえ》している武田と北条。

お互い裏切ったり、同盟したりでその信頼《しんらい》関係もゴッチャゴチャである。

さて、そろそろここらで仕掛《しか》けなければいけないかね。

こちらの目的は武田の兵站の停止および同盟の締結《ていけつ》にあるが、どうもこの国に来てから、特にこの小田原城に入ってからの雰囲気には感じ入るものがある。

気づいているのかいないのか。

氏康あたりなら気付いていそうなものなんだろうが。

となると渡《わた》りに船という話にもなるな。

武田にあって北条にないもの。

——餓《う》えだ。

その気になれば籠城すればいくらでも持つ北条は、小田原城さえ落とされなければ負けはない。

つまり逃《に》げ道《みち》のある戦であり、そんな環境では秀でた武将はそうそう育つものではない。

兵は用意出来る。

資金も用意できる。

だが、それを率いる将が足りない、育たない。

これが俺の見る北条家の現状である
だからこそこの時期なのだ。

「率直に申し上げます。武田への兵站を打ち切って頂き、我ら織田、徳川と同盟を組んで頂きたい。判断を違《たが》えると、ややもすれば『肥え太った獅子は皮を剥がされ、腸を食い荒らされますぞ』？」

俺の言葉に一瞬静寂が訪れた後、室内に怒涛のごとく罵声が響き渡った。

「ななな、なんという無礼な!!!」

「相模の獅子を氏康様の二つ名と知っての言葉か!!」

「もはや許せぬ、氏政様、氏康様！　何卒下知《げじ》を!!」

俺の発言によって騒然となる評定の場。

いやあ、ものすごい勢いで燃え盛っているなぁ。

弾正は楽しそうに、藤孝は頭を抱《かか》えている。

まあ、俺とてなんの策もなくこんな暴言を吐《は》いたわけではない。

ちゃんとした勝算あってのことだ。

とはいっても伸《の》るか反《そ》るかではあり、言葉の意味を理解できないのであれば氏政、氏康は俺達《おれたち》に刃を向けるだろう。

だが俺には確かな勝算があった。

北条氏康――相模の獅子のあの戦国乱世を生きる猛者の目。

彼《かれ》が俺の言葉の真意に気づかないとは思えないからだ。

「静まれぇ!!」

そう声を張り、威厳のある声で一喝するのはやはり北条氏康であった。

その声によって、怒りのやり場をなくした者たちは次第《しだい》に座り始め、先程《さきほど》と変わらぬ様相を呈し始める。

そしてそんな中、氏康が俺に向かい、口を開く。

「先程の言、しかと理解したうえでの発言だろうな?」

氏康の覇者の瞳《ひとみ》に見据えられるが、こちとらくぐった修羅場が違う。

っていうか俺《おれ》普通《ふつう》には死なないし気が楽だしな。

「勿論」

俺が迷いなく答えると、氏康は評定をこれにて終了《しゅうりょう》とし、俺達は与えられた部屋へと移されるのだった。

小田原城内
天守閣の茶室の一角にて

「ほぉ…これがかの平蜘蛛。よもや生きているうちに目にするとは思いもよりませなんだ」

「ほっほっほ、ワシはこちらの初花肩衝を。本来ならば九十九茄子をお見せしたいところですが、道中なにかあっては大変ですからなぁ。コチラにてご勘弁《かんべん》を」

「いえいえ、こちらも十分に名器。目の保養となります」

そう言って物珍しそうに茶器を眺める氏政。

茶器というのは信長の権威《けんい》の格付けに使われるものというイメージがあるが、これほど京《きょう》でも那古屋《なごや》でも有名になれば自然と耳に入り、褒美とされるほどの一品であるという付加価値によって目にしてみたいという欲求が出てくるものだ。

ここが実に信長の巧《たく》みなところなのであるが、その説明はまた詳しく説明する場があることを祈ろう。

で、細川幽斎《ゆうさい》は、護衛役となった北条綱成《つなしげ》と共に、貢物として用意してきた品々、特に刀品類に興味を示しているらしく、そちらの世話をしている。

「コチラが『義元左文字《よしもとさもんじ》』といって、元は『宗三左文字《そうざ》』と呼ばれていた刀をかの義元公を桶狭間《おけはざま》にて討ち取った時に収集し、『義元左文字』と名付けたとか」

「ほお！　あの桶狭間は見事な奇襲劇《きしゅう》であったたな。世の大半は今川上洛《いまがわじょうらく》を確信していたさなかであったからなぁ」

と、懐かしのエピソードを交えながら接待している。

他にも備前長船光忠《びぜんおさふねみつただ》やら吉岡一文字《よしおかいちもんじ》等《ら》の名刀を用意しているので話題には事欠かないだろう一方、俺はというと、

「…どうぞ」

「頂戴いたします」

氏康の入れたお茶を俺の気に入った黒楽大黒で一口飲む。

うーん、やっぱり作法は苦手で、手順は間違ってないか心配で味なんてわかりもしなかった。

「結構なお点前で」

そう言って茶碗を両手で置くと、氏康は口角を上げる。

「ご冗談を」

「……は？」

「味などわからぬ、と顔に書いてありましたぞ？」

図星を指された。

さすが氏康である。

「な……！　これはまた、こういうのは不慣れでして」

そう言って頭をかく。

「まぁ、作法などは美味しく飲む為のものではなく、一種の儀礼《ぎれい》のようなものですからなあ。覚えておくに越《こ》したことはありませんぞ？」

「ご教授有難く」

そう言って、俺は平伏《へいふく》した。

その瞬間、氏康はホウ、と今までにないため息を付き、

「いやはや、武の一文字と名高き方ゆえさぞ誇《ほこ》り高くあられると思っておりましたが、随《ずい》分《ぶん》と低い腰《こし》をお持ちのようだ」

その言葉は嘲りとも取れるが、感心とも取れる。

今まさにこの瞬間だ。

――仕掛けている、俺の反応を見ているのだ。

「俺は教えというものは全てにおいて平等であると思っています。誰《だれ》に教えられたかによって素直《すなお》に受け取るか、受け取らないかの違いがあるだけで自分のものにして気づくという行為はそういった受け取り方によって差異が出る。ならば最初から全ての人物から素直に受け取る気構えを持てば、誰よりも多く学び自分のものにすることができるのだと考えています」

「ゆえに腰を低くすることを厭《いと》わぬと？」

俺はその言葉に苦笑《くしょう》しながら、

「私は今でこそ平手の当主ではありますが、十になるまえは唯の農民でした。そこを偶々《たまたま》平手のご隠居《いんきょ》と信長の配慮によってこの地位を得ました。農民に頭を下げるのもいまさらなのですよ」

「……なるほど」

一つ頷《うなず》くと氏康は、俺の目を見て口を開いた。

「……先程の評定、あの言葉の真意を聞きたい」

遂《つい》に来たか。

――肥え太った獅子は皮を剥がされ、腸を食い荒らされる。

実に小田原城の氏康を暗示する言葉だが、

「皮を剥がされ、腸を食い破られる。つまりこの小田原城の城壁《じょうへき》を打ち破り、一族を皆殺しにするという予告ですかな?」

冷え込むような視線を受けるが、その解釈はちょっと違う、

「いえ? 俺は言いましたね、判断を間違えると、と」

「それがこの織田、徳川、北条の三国同盟の是非《ぜひ》にあると?」

俺はその言葉に無言で頷いた。

弾正、藤孝はもちろん、半兵衛や秀長、秀吉、信長、明智殿《あけちどの》、丹羽殿《にわどの》の知恵《ちえ》を借りたこの大博打。

伸るか反るか。

武田の乾坤一擲《けんこんいってき》はどうやら成らずだったようだが、俺達はどうか。

まぁ、俺は死なないけど弾正や藤孝は殺されちゃうかなぁ。

いや、それくらいの覚悟《かくご》を持ってきてもらっているって意味でね。

「まずこのまま甲相越三国同盟によって兵站《へいたん》を受け持つとしますが、大前提としてこれは

無駄《むだ》な投資と終わります」

氏康は眉をひそめるだけで、多少の動揺を見せただけだ。

流石《さすが》に腹芸のできる相模の獅子というところか。

「なぜなら、織田、徳川連合は京、尾張《おわり》、美濃と交通を網羅しており、経済や貨幣を充実《じゅうじつ》させています。兵力は随時補充《ほじゅう》可能で、一年中戦える兵の存在。そして練度の足りない兵を補う種子島の存在。武田からも情報網からも入ってきているでしょう、その威力《いりょく》のほどは。故《ゆえ》に時間が経《た》てば経つほど猛者は減り、練度の足りない兵を出さざるを得なくなる。そして織田はすでに対武田戦線における種子島と兵を両立出来るだけの基盤を築いています」

「…………」

まだ押し黙《だま》るか。

食って掛《か》かるわけでもなく、もっと情報を出してこいってことか？

ってことは迷っている？　それとも情報だけ奪って切り捨てる？

「そこで北条が兵站を打ち切れば武田は農繁期《のうはんき》を逃《のが》したことにより貧困する。そこを織田、徳川、北条による三方面攻撃。火の将を失ったばかりの武田にこれを凌《しの》ぐ手段はない。籠城するにも兵站がないのですから」

そう言って区切った後、

「そして最後のこちらが北条に差上げられる最大の利益となるのですが……」

そう言って耳元に口を当て小さな声で、

「武田の将と徳川の将、織田の経済力や種子島と兵数。おそらく喉から手が出るほど欲《ほ》しい軍事力が手に入ります」

「――!?」

お、やっと顔色を変えたな?

情勢はもう小田原城で引きこもってるだけでは情勢は安定していてくれないと思っているはずだ。

どこかで必ず小田原城を出て領地を広げ、将と兵を集め軍事力を充実させなければ時代に取り残される。

そのことを信長の台頭、馬場信春の戦死によって時代のうねり、流れというのを氏康は感じたはずだ。

あの武田ですら敗戦するのだ。

――いずれ織田は周囲の勢力を併呑《へいどん》して飲み込み、小田原城という『皮』をはぎ、北条

一族という『腸』を食い破るだろう。

その前に、同盟という形で盟約を結び、共にこの戦国の世を終わらせようと言うのである。

「………いいだろう。武田の兵站を中止し、織田、徳川との同盟を組もう」

その言葉を聞いて、ふうと肩の荷を下ろすように息をつく俺だったが、

「しかし、口約束、証文などではなく婚姻という両家を結ぶ縁組でこの同盟を結びたい」

「縁組…ですか？」

信長の娘に年頃《としごろ》の娘っていうと誰がいたかな？

こっちがもらうにしても氏郷には初《はつ》がいるし、正室って立場じゃないと如何《いか》にもマズイしなぁ。

そんなことを考えている時だった。

「ふむ、そういえば氏政は正室がおらず、平手殿《どの》には末娘がおりましたなぁ」

その瞬間悪夢がよぎった。

あの忘れもしない悲劇だ。

一週間に二人も嫁《よめ》が俺の元を去っていくあの悪夢。

真剣に二週間くらい夜眠れなかったくらいだ（弾正の本を活用していい具合に疲れて眠ることに性交、いや成功した）。

それぐらいショッキングな出来事だったのである。

「いやだぁぁ!!!　茶々《ちゃちゃ》も初もいなくなって江《ごう》が生きる喜びなんだァァ!!!」

突然《とつぜん》暴れだし俺を羽交い絞めにする藤孝と綱成。

さすがにパワーがあるな……っ！

「落ち着いてください！　まだ決まったわけじゃ！」

「うるせぇぇぇ！　お前以前そう言って信忠《のぶただ》の烏帽子《えぼし》親とかいって、那古屋城行ったら結《ゆい》納《のう》が行われて茶々も初も嫁に行っちゃったじゃん!!　今度もそうやって俺から江を取り上げるつもりだろ！　許さん、絶対に許さんぞォォォォ!!!」


『Another eyes』


「アレは一体？」

楽しげに騒動《そうどう》を見て優雅に茶を飲む弾正に、氏康が問う。

弾正は口角を上げ、

「一種の発作ですな。いやぁ、実は久秀殿《どの》は娘二人を嫁に出しているのですよ。この時代に珍《めずら》しい恋愛結婚《けっこん》なのですがそこは複雑な親心なのでしょうなぁ」

「ふむ、ならば信長殿と話し合い、相応しい女性を迎《むか》えることにしよう。氏政の器量では江殿《どの》に粗相をしでかして、それが切っ掛けで北条を滅ぼされかねませんからのう」

その氏康の言葉に、弾正は声を上げて大笑いをした。

「それが懸命でしょうな。しかし彼《か》の御仁《ごじん》は本当に見ていて飽きない。氏康殿もどうですかな？　隠居はもうされているのでしょう？　この際、平手家御伽衆として仕えるというのは？」

氏康は意表を突《つ》かれたようにその言葉を受けると、

「こんな日常が続くのであれば、願ってもないことですな」

ふっと、笑《え》みをこぼしその瞳を閉じるのであった。

元亀《げんき》三年（一五七二年）
高天神城で武田に不穏な動きありとの報告が届けられる

「不穏な動きか…なんか漠然としていてどうにもなぁ」

「斥候《せっこう》によると兵が慌ただしく高天神城に出入りしているとの事で…」

「兵が出入り？」

「はい」

俺の言葉に半兵衛が頷きながら返答する。

「北条との同盟が漏れた？　にしては早すぎる対応だな」

先日俺自ら小田原城に出向き三国同盟を取り付けてきたが、それからまだ一週間も経っていない内に武田にバレたってことか？

確かに巫女《みこ》や忍びなどを各地に飛ばし、情報収集に関しては武田には眼《め》を見張るものがある。

そもそも高天神城を奪《うば》われた背景からして、その高度な情報工作による電撃《でんげき》作戦での落城なわけで。

そう考えるとバレていてもおかしくないのかもしれないな。

俺がそんなことを考えていると、

「いえ、これは私の勘にすぎないのですが…」

そう前置きして半兵衛が口を開く。

「北条との同盟は未《ま》だ武田には伝わっていないのではないかと」

「は？　じゃあなんで武田が高天神城で動く必用があるんだ？」

「まず、織田、徳川、北条が同盟を組んだ場合、高天神城にて武田には勝利の可能性はありません。それは物資の問題でも有り、将兵の問題でも有り、何より武田単独では高天神城に籠城する兵站が存在しない」

その兵站の維持《いじ》を北条頼《たの》みにしていたんだからなぁ。

しかも二俣城、掛川城、高天神城の三方向から浜松城を包囲しているため、余計に兵站の維持というのは難しい状態になっているはずだ。

本国での収穫が今年は期待できない以上、何が何でも遠江を手に入れ物資を確保したいはずである。

「そしてなにより北条が寝返ったとなれば今度は背後からの強襲《きょうしゅう》にも気を配らなければならない。そんな状況《じょうきょう》で高天神城に拘《こだわ》る愚を武田信玄、ひいては真田《さなだ》幸隆《ゆきたか》がするはずがない」

「あの爺さんはなぁ」

数え上げればきりがない位煮え湯を飲まされてる相手だ。

正直、俺の肛門括約筋が緩ければ脱糞《だっぷん》の一つや二つはしてもおかしくないくらいである。あの独特の戦略眼とでも言うべきか、少しでも隙《すき》を見せれば喉笛を掻っ切られるというか。

正直チートボディじゃなければ二、三回は死んでいる自信があるぞ。

「その両名をして高天神城へ留める理由は、北条の寝返りを知らず兵站の維持が可能だと思っている証拠にほかならない。掛川城を奪われれば高天神城は孤立《こりつ》するのですからね」

高天神城は掛川城の南に位置して、交通設備はしっかりしていない山道の先にある城である。

ゆえに掛川城が落とされれば交通路は無いに等しくなり、唯一の海路も徳川、北条で斡旋しているため陸の孤島になってしまうのだ。

そうなれば後は掛川城に全軍を集結させ、二俣城と高天神城の二正面作戦で片は付く。

こちらには経済力を背景とした豊富な兵站と兵力、種子島《たねがしま》が存在し、如何《いか》に屈強な武田だろうと腹が減っては戦はできぬという格言の通り、折を見て和睦《わぼく》でも従属でも信玄の身柄さえあれば夢ではない。

「故に掛川城は武田の生命線とも言える城。いくら海がほしいとはいえ北条に背後をとられる事実を武田が知れば掛川城へ撤退《てったい》せざるを得ない。だからこそこの行動の裏には北条との同盟は関与していないと思うのです」

「実際、北条の爺様（北条氏康）からは、『ぎりぎりまで武田との折衝《せっしょう》を続けて、武田との埋伏《まいふく》の毒になってみせるわい』とかスゲエいい顔で言ってたからな…」

この時代のジジイは元気すぎて対処に困るというか。

老いてなお盛ん、黄漢升《こうかんしょう》もかくやと言ったところだよ、全く。

「さて、では何故高天神城で兵が慌ただしく出入りしているのか。これは全くの憶測に過ぎませんが」

話を戻《もど》し、半兵衛が一息入れるように茶を口に含《ふく》む。

これは言い難いことを言い出す半兵衛の癖である。

そして静かに口を開いた。

「――――武田信玄の身に何かあったのではないか、と」

元亀三年（一五七二年）
平手久秀の自室にて

「武田信玄の身に何か、か」

ありえない話ではない。

というか考えれば考えるほどに現実味を増していく。

そもそも武田信玄は織田信長と正面対決する前に病死してるはずなのだ。

俺という異分子によってだいぶ歴史が捻くれ曲がってはいるものの、大筋の流れは人の寿命や年月の流れという点においては変えようがないはず。

病死であるのならなおさら異分子である俺が武田信玄に関《かか》わることがなければ、根本からの治療や抜本的な解決にはならず、せいぜいが死亡年が前後するくらいなはずだ。

半兵衛が言ってることは確かに正鵠《せいこく》を射《い》ているかもしれない。

「……あ～!!　俺がせめて正確な年号や推移を覚えていればなぁ!」

とはいえこっちに来て三十年。

いくら前世の記憶《きおく》があるとはいっても、忘れてしまうことがあるのは仕方ない。

メチャクチャ忙《いそが》しい日々を送っていたわけだしなぁ。

「もし武田信玄が病気でこのまま死亡したらどうなるんだ?」

当然武田家は混乱に陥るだろう。

次の当主は勝頼《かつより》だっけか。

歴史家からの評価は決して高いとはいえない人物で、プライドが高く前当主信玄と何かと比較されるのを嫌《きら》い、重臣を重用せず武田家の内部に亀裂を入れたとも言われている。

しかし戦をさせれば勇猛果敢であり、数々の戦功を挙げる能力は親譲り。

最後は鉄砲《てっぽう》の前に騎馬隊《きばたい》と共に散る…そんな人物だったはずだ。

信玄よりは組みやすく、歴史上の結果からもその方が有利であるため願ったり叶ったりの話ではあるが……。

「って、まだホントに信玄が病気になってるとは限らないんだけどな」

大体寿命云々が逃れられないのであれば平手の爺様や浅井長政《ながまさ》は今生きていない。

楽観視するべきじゃないだろう。

っつーかそう考えれば考えるほど真田幸隆の顔がちらついてくるな。

何しでかすかわからない怖さというか。

まぁ、とりあえずは斥候の報告待ち、どんな報告にせよこのまま時間がかけられるようなら一気に掛川城を落としてしまえばいい話だ。

そうすれば確実に高天神城は落ちるわけだしな。

元亀三年（一五七二年）

浜松城にて評定

「では掛川城攻略《こうりゃく》についての評定を始めたいと思います」

家康殿の評定開始の合図から様々な意見が評定に打ち出されていく。

今ここにいるメンバーは徳川家康を筆頭に重臣がズラリ。

俺の方は俺、秀長、半兵衛、氏郷、弾正の五人。

他《ほか》の家臣は武田がどうも怪しい動きをしているのが気になるため、藤孝を中心とした構成で探らせている。

そしてこの他にもこの場にいるのが、

「氏康殿、掛川城への派兵はどの程度用意できましょうか？」

「そうですな。佐竹《さたけ》家、里見《さとみ》家と我《わ》が家も交戦状態ではないが、あまり多くの兵を出し国の防備を疎かには出来ませぬゆえ…二千、三千が限度でしょうな」

そう語るのは北条氏康その人である。

なんでも三国同盟を締結させるためには自らの足で出向いたほうが速いうえ、飢えた獣《けもの》となるだろう武田に対し迅速に対応するためだという。

そしてその横にいるのは戦国のシーラカンスこと北条幻庵と北条綱成。

いくら隠居しているとはいえお前ら国の中枢じゃん、という思いとともに、氏政の苦労が慮《おもんぱか》れる限りである。

その氏康の言葉に何を思ったのか、本多忠勝《ただかつ》が口を開く。

「ほう、かの大国北条家がこの武田戦線の重大時に三千程度などと。それではあらぬ誤解を招きかねませぬな」

「ほほぉ？」

「此度《こたび》の戦《いくさ》が額面通りにゆけば武田家は大きく力を失うことになり、領地もまた削り取ることも可能でしょう。そんな中、大した派兵もせぬ北条家の方々が上澄みをすくうとなればば…これは如何《いかが》なものかと」

「忠勝ッ‼　口を慎まぬかッ‼」

家康の怒声による制止で忠勝は口をつぐむ。

ただその表情はけして納得《なっとく》の言っているものではないことは明らかだ。

表立って戦うのは徳川で、兵を失うのも徳川である。

だからこそ派兵の少なさに対し文句の一つでも言いたくなってしまったのであろう。

周りを見れば徳川家臣団のほとんどが忠勝と同意見なのか、あまりに過小な派遣《はけん》に憤っているのか、例外は本多正信殿くらいである。

そしてこの波乱の予感に弾正がどこかウキウキしはじめたのは勘違《かんちが》いだと思いたい。

それを見た氏康は、ふむと顎《あご》をさすり、

「徳川殿の家臣は勇猛果敢なれど、ちと周りを見る目が足りぬように感じますなぁ」

『――――ッ!!』

火に油を注ぐようなその言葉に、文字通り炎上《えんじょう》し始める徳川家臣団。

血管がブチ切れそうな人もチラホラと。

俺《おれ》は巻き込まれぬように空気になっていよう。

「そもそもがですな、私が同盟を組んでも良いと思ったのは平手殿、ひいては織田殿とその盟約によるものゆえであり、あくまで徳川殿は織田殿の同盟相手。皆様方の知っての通り北条は武田との兵站の中止をします。それが大前提であり我が北条の役目でありましょう。その見返りは織田家からの種子島の提供による我が家の軍事力の強化、武田領の分割による有能な武将の確保にある。さて徳川家はなにを北条へ頂けるのか。それを明確にせねば北条も徳川家に対し身を裂き礼を尽くせませぬゆえ」

「黙って聞いておれば浅ましい物言い!!　同盟を組んだのであれば協力するのが当然であろう！」

「それは対等の立場での話。同盟とは互《たが》いに利益があるからこそ結ばれるもの。もう一度申し上げる。『徳川殿は北条に何をもたらして頂けるのか』」

そう言って氏康殿が徳川殿へと視線を向ける。

交渉の向かいどころによっては、武田に兵站を続けかねない勢いである。

確かにもともと武田と同盟を組んでいたのだ。

いや、今も武田は北条と同盟を組んでいるつもりだろう。

掛川城を奇襲で落とす為《ため》には、今はまだ三国同盟を表に出す状況ではない。

故にこの三国同盟は北条の意向で『どうとでもなってしまうのである』。

「――さて、返答は如何に？」

そこには戦国を生き抜き、相模を繁栄《はんえい》させた『獅子』の姿があった。

元亀三年（一五七二年）
久秀の自室にて

「いやはや、上手《うま》くやったものですな」

弾正が上機嫌に氏康に酌をしながら褒め称えている。

この二人、小田原城で余程《よほど》気があったのか暇《ひま》さえあれば茶飲み友だちとして、酒飲み友だちとして、まあ言わばマブダチになっていたようである。

毎回疑問に思うが、なんで俺はこの二人の茶のみ話なんかに付き合わされにゃならんのですかね？

「まぁ、徳川家には優れた武将が多数存在しておりますからな。今のままでも十分領地を広げて経営は成り立つでしょう」

氏康殿と家康殿の折衝の結果、北条家は対武田戦線に於いての有力武将に対する優先交渉権を獲得したのである。

つまり、徳川が欲しいと思った人材であっても北条の許可がなければ口説くことは出来ず、先に北条との交渉をさせろという条件を勝ち取ったのだ。

徳川にしてみれば痛恨《つうこん》ではあるが、確かに北条に徳川が与《あた》えられる物は少ない。

そこをついての折衝であったのだが、

「だけど氏康殿、一万も派兵して大丈夫《だいじょうぶ》なのか？　国の守りもあるし少々心もとなくなるのでは？」

その変わり、北条の派兵数は一万となってしまったのだ。

譲《ゆず》ってもらってばかりではいい関係は築けない。

最後は家康殿の才気を認めるとばかりに派遣兵を増加し、北条への風当たりを緩めたのである。

交渉事っていうのは難しいね、全く。

「そこは織田殿に事前に種子島の融通《ゆうずう》を依頼しておりましてな。なぁに、里見や佐竹などの種子島の存在すら知らぬ田舎大名なら武田戦線が終わるまでは時間が稼《かせ》げましょう。むしろこの際両家ともども屈服させてしまうのもありかと思っておりますよ、あっはは！」

「なんというかまぁ…」

そう言って、上機嫌に飲む氏康殿に酌《しゃく》をするのであった。

弾正タイプかと思ったら、信長タイプなのかもしれないなぁこの人。

あとがき

「平手久秀の戦国日記 弐」を手にとって頂きありがとうございます。

第1巻からだいたい半年ほどですが、自分としては早かったなあと思うのですが、お待ちいただいていた方がいらっしゃったら申し訳ありませんでした。

今回は対武田戦の部分にかなり時間を割いて書かせてもらっています。

なにしろ戦国最強と言われている大名ですからね、武田家中の人物をどこまで書こうとか色々試行錯誤をしたんですが、やっぱり真田は濃く書かせてもらっています。

真田幸村というネームも大きいですが、昨年は大河で「真田丸」もやっていましたので、流行に乗ってしまえ、と。

とはいえこの時期は幸村のお爺ちゃんである幸隆からお父さんである昌幸にバトンタッチする時期なので、幸村はでていませんが、この先には登場させる予定はありますので、楽しみにしていただけるとうれしいです。

と、そういえば大河ですが今回は「おんな城主直虎」ですね。

戦国時代で活躍した女性と言えば秀吉の正妻ねねや利家の正妻まつ、山内一豊の妻の見性院などが有名ですが、ついに直虎まで主役となって大河になるんだな、と感慨深いです。

ちなみに直虎縁《ゆかり》の井伊家のアイドル・ひこにゃんの甲冑が赤いのは、もとをただせば今作で大活躍する山県昌景の影響でもあるのでそれを踏まえて読んでいただけるとより面白いと思います。

そんな風につながっていたんだな～と感心させられたりしますしね。

では今回はこの辺で、買って頂きありがとうございました。

借金を返す必要性から、
パーティを組むことになった
元傭兵ロレンと神官ラピス。
2017年 6月発売予定!
著者/まいん イラスト/peroshi

とりあえず、地道に実績を重ねるべく
薬草摘みのクエストを受けたロレン達だが、
その帰りに行き倒れた
少女を保護することになり……。
食い詰め傭兵の
幻想奇譚2

二度目の人生を異世界で 1
コミックス第1巻
大好評発売中!
著：まいん／漫画：安房さとる
キャラクター原案：かぼちゃ
本体価格：600円＋税
KADOKAWA刊
龍人族を救出し、クリンゲに戻ってきたレンヤたち一行は、戦時体制ながらも日常を取り戻していた。
異世界で16
著／まいん
イラスト／かぼちゃ

日々の書類仕事に
忙殺されかかったレンヤだが、
対魔王の準備が
整いつつあることから、
最後のけじめとしての
結婚の話が浮上して――。
2017年6月発売予定！
二度目の人生を

フレイズが出現する予兆を
察知した冬夜たちは、
ロードメア連邦へと向かうことに。
そこには、ロードメアが独自に作り上げた
対フレイズ用の切り札が用意されていた。
フォンとともに。9
2017年6月発売予定！

予測通りフレイズが出現し、
対抗する冬夜たち。
そして、その中でついに
人型のフレイズが姿を現し――!!
異世界はスマート
冬原パトラ
illustration■兎塚エイジ

偽森辺の民事件の真相を追いながらも、
新メニューを開発しつつ屋台を続けるアスタ。
Author
EDA
Illust.
こちも
異世界料理道
VOLUME 11
Cooking with wild game.

膠着状態が続くと思われたその時、アスタは何者かにさらわれ、
気が付くととある屋敷の一室で目を覚まし――!!
2017年6月発売予定!

荒野での獣人、エルフ、魔人との接触を済ませ、
フォカロルへと戻ってきた一二三。
そのタイミングで、ホーラントで王が崩御。
各国の好戦派が動き出し
再び戦乱の気配が漂ってきた。
戮者7

著者／井戸正善
イラスト／lack
そして、
国内の反女王反一二三派の
勝手な行動に業を煮やした
女王・イメラリアが、
ついに前線へと赴くことに――!?
呼び出された殺
2017年夏発売予定！

HJ NOVELS
HJN17-02

平手久秀の戦国日記　弐

2017年5月25日　初版発行

著者——スコッティ

発行者—松下大介
発行所—株式会社ホビージャパン
〒151-0053
東京都渋谷区代々木2-15-8
電話　03(5304)7604（編集）
03(5304)9112（営業）

印刷所——大日本印刷株式会社

装丁——AFTERGLOW／株式会社エストール

Printed in Japan

ISBN978-4-7986-1450-2　C0076